D1697788

MIX
Papier aus verantwortungsvollen Quellen
Paper from responsible sources
FSC® C105338

Johannes Kaufmann

Rundfunkkrieg

Deutsche und britische Radiopropaganda
im Zweiten Weltkrieg

Diplomica Verlag GmbH

Kaufmann, Johannes: Rundfunkkrieg: Deutsche und britische Radiopropaganda im
Zweiten Weltkrieg. Hamburg, Diplomica Verlag GmbH 2013

Buch-ISBN: 978-3-8428-6524-2
PDF-eBook-ISBN: 978-3-8428-1524-7
Druck/Herstellung: Diplomica® Verlag GmbH, Hamburg, 2013

Bibliografische Information der Deutschen Nationalbibliothek:
Die Deutsche Nationalbibliothek verzeichnet diese Publikation in der Deutschen
Nationalbibliografie; detaillierte bibliografische Daten sind im Internet über
http://dnb.d-nb.de abrufbar.

Das Werk einschließlich aller seiner Teile ist urheberrechtlich geschützt. Jede Verwertung
außerhalb der Grenzen des Urheberrechtsgesetzes ist ohne Zustimmung des Verlages
unzulässig und strafbar. Dies gilt insbesondere für Vervielfältigungen, Übersetzungen,
Mikroverfilmungen und die Einspeicherung und Bearbeitung in elektronischen Systemen.

Die Wiedergabe von Gebrauchsnamen, Handelsnamen, Warenbezeichnungen usw. in
diesem Werk berechtigt auch ohne besondere Kennzeichnung nicht zu der Annahme,
dass solche Namen im Sinne der Warenzeichen- und Markenschutz-Gesetzgebung als frei
zu betrachten wären und daher von jedermann benutzt werden dürften.

Die Informationen in diesem Werk wurden mit Sorgfalt erarbeitet. Dennoch können
Fehler nicht vollständig ausgeschlossen werden und die Diplomica Verlag GmbH, die
Autoren oder Übersetzer übernehmen keine juristische Verantwortung oder irgendeine
Haftung für evtl. verbliebene fehlerhafte Angaben und deren Folgen.

Alle Rechte vorbehalten

© Diplomica Verlag GmbH
Hermannstal 119k, 22119 Hamburg
http://www.diplomica-verlag.de, Hamburg 2013
Printed in Germany

Abkürzungsverzeichnis

AA	Auswärtiges Amt
BBC	British Broadcasting Corporation
BDM	Bund Deutscher Mädel
DDD	Der Drahtlose Dienst
DKE 38	Deutscher Kleinempfänger
DNVP	Deutschnationale Volkspartei
EH	Elektra House
HJ	Hitlerjugend
KWS	Kurzwellensender
MoI	Ministry of Information
NS	Nationalsozialismus, nationalsozialistisch
NSDAP	Nationalsozialistische Arbeiterpartei Deutschlands
OKW	Oberkommando der Wehrmacht
PID	Political Intelligence Department
PK	Propagandakompanie
PWE	Political Warfare Executive
RAF	Royal Air Force
RKK	Reichskulturkammer
RMVP	Reichsministerium für Volksaufklärung und Propaganda
RRG	Reichs-Rundfunk-Gesellschaft
RRK	Reichsrundfunkkammer
SA	Sturmabteilung
SD	Sicherheitsdienst der SS
SS	Schutzstaffel
VE 301	Volksempfänger

Inhaltsverzeichnis

1. Einleitung	1
2. Die Organisation der Rundfunkpropaganda in Deutschland und Großbritannien	9
2.1. Deutschland – Rundfunk als staatlicher Propaganda-Apparat	11
2.1.1. Die Organisationsstruktur des Deutschen Rundfunks	13
2.1.2. Das Führerprinzip im Reichsfunk	21
2.1.3. Ein Radio für jeden Haushalt: Die ‚politischen' Empfangsgeräte	25
2.1.4. Deutsches Wesen für die Welt – Der Deutsche Kurzwellensender	27
2.1.5. Wer darf den Feind hören? – Streitigkeiten um den ‚Sonderdienst Seehaus'	29
2.2. Unabhängiger Rundfunk? Die British Broadcasting Corporation	31
2.2.1. Strukturen eines halbstaatlichen Unternehmens – Der Aufbau der BBC zwischen Regierungsmeinung und politischer Unabhängigkeit	31
2.2.2. Die verschiedenen Inlands-Sendedienste der BBC	36
2.2.3. Senden auf allen Wellenlängen – Der Deutsche Dienst	39
2.2.4. Dem Feind aufs Maul geschaut – Der BBC Monitoring Service	42
3. Propagandastrategien im Kampf um Deutsche Hörer	44
3.1. Volksgemeinschaft und Integration – Maxime für den NS-Rundfunk in der Friedenszeit	44
3.2. NS-Rundfunk im Krieg	47
3.2.1. Siege an allen Fronten – Propaganda des unaufhaltsamen Vormarsches	47
3.2.2. ‚Frontbegradigungen' – Unterhaltung zwischen Durchhalteparolen und Eskapismus	55
3.3. Glaubwürdigkeit als wichtigster Wirkungsfaktor – Die Maximen des Deutschen Dienstes der BBC	59
3.3.1. Aufklären, Relativieren, Umdeuten – Die Erzeugung einer alternativen Wirklichkeit in den Sendungen bis zur Kriegswende 1942	59
3.3.2. Einfach die Fakten sprechen lassen? – Chancen und Probleme für die britische Propaganda in einem erfolgreichen Krieg	71
4. Hypnotische Verführung oder Anpassung an den Volkswillen? – Die Rolle des Hörers zwischen ‚Reflexamöbe' und aktivem Mitgestalter des Rundfunks im Zweiten Weltkrieg	76
5. Vergleichende Zusammenfassung und Schlussbemerkung	82
Literaturverzeichnis	85

1. Einleitung

„Wollt ihr den totalen Krieg?".[1] Spätestens seit Joseph Goebbels Millionen Fernsehzuschauern diese Worte alle zehn Minuten in Guido Knopps ca. 600 minütiger ZDF-History-Sendung „100 Jahre" entgegen brüllte, ist die berüchtigte Sportpalastrede vom 18. Februar 1943 zumindest auszugsweise jedem Deutschen bekannt. Live übertragene politische Reden bei Massenversammlungen, Volksempfänger und ideologische Indoktrination über den Äther direkt ins Ohr des Hörers sind die Stereotype, die oft das Bild des nationalsozialistischen Rundfunks bestimmen; ein Bild von der Allmacht der Propaganda, der der Rezipient schutzlos ausgeliefert ist. Schon die Fassade dieses Paradebeispiels der erfolgreichen Massensuggestion beginnt unter dem prüfenden Blick zu bröckeln: Nicht nur, dass die ins ganze Reich gesendete Begeisterung des Publikums bei Goebbels' Rede keinesfalls spontan war – die Zuschauer waren sorgfältig ausgewählt und bezüglich der Passagen, die sie begeistern sollten, vorher instruiert worden[2] –, auch die Hörer an den Radios hegten ihre Zweifel. So machte bald nach der Rede die Frage nach dem größten deutschen Bauwerk die Runde sowie die dazu passende Antwort: ‚Der Sportpalast, denn in ihn geht angeblich das ganze deutsche Volk hinein'.[3]

Ist die These von der Verführung des Volkes durch die Propaganda also haltbar? Handelt es sich dabei nicht vielmehr um eine Rechtfertigungsstrategie, die dem Vorwurf des Mitläufertums und der Mitschuld an den Verbrechen des NS-Regimes die Unmündigkeit und Manipulierbarkeit des Volkes entgegenstellt?
Diese Fragen lenken den Blick nicht nur auf das Programm des NS-Rundfunks, seine Organisationsstruktur und seine Verwurzelung in der Bevölkerung, sondern auch auf den Umgang der Rezipienten mit dem staatlich gelenkten Medienangebot. Sie werfen wiederum neue Fragen auf: nach der Rolle der Konsumenten innerhalb des Mediengefüges; nach ihren Möglichkeiten der Einflussnahme und natürlich auch nach der Konkurrenz um die Macht der Wirklichkeitsauslegung für die deutsche Bevölkerung.
Denn neben dem gleichgeschalteten deutschen Kriegsrundfunk machten viele Hörer von der gefährlichen Möglichkeit Gebrauch, alternative Informationsquellen als Gegengewicht zur NS-Propaganda zu konsultieren. Der Deutsche Dienst der BBC erhielt dabei eine herausra-

---
[1] Ein Ausschnitt aus der Rede findet sich in der Dokumentation „75 Jahre Radio in Deutschland" auf der Homepage des Deutschen Rundfunkarchivs. Internetadresse im Literaturverzeichnis.
[2] BUSSEMER: Propaganda und Populärkultur. Konstruierte Erlebniswelten im Nationalsozialismus. Wiesbaden 2000, S. 10.
[3] Flüsterwitz zitiert nach: SCHEEL: Krieg über Ätherwellen. NS-Rundfunk und Monopole, 1933-1945. Berlin (Ost) 1970, S. 208.

gende Bedeutung. Die Gestapo schätzte 1941 die Zahl der Hörer des Londoner Senders auf eine Million. Drei Jahre später rechnete die BBC bereits sehr viel großzügiger mit 10 bis 15 Millionen deutschen Hörern.[4] Zwar sind solche Schätzungen nicht sehr verlässlich, doch lassen sie den Erfolg des deutschen Programmes der BBC zumindest erahnen. Dass die NS-Führung dieses Problem ernst nahm, beweisen ihre juristischen Gegenmaßnahmen. Noch am 1. September 1939 trat die ‚Verordnung über außerordentliche Rundfunkmaßnahmen' in Kraft, die langjährige Freiheitsstrafen, im schlimmsten Fall sogar die Todesstrafe für das Hören von Feindsendern androhte.[5]

Eine Analyse der Rundfunkpropaganda des 2. Weltkrieges kann folglich den wichtigsten Konkurrenten des NS-Rundfunks nicht unberücksichtigt lassen. Es gilt zu klären, mit welchen Strategien der Londoner Sender versuchte, das Informationsmonopol des deutschen Rundfunks zu brechen und die Hörer zum riskanten Abhören des ‚Feindsenders' zu bewegen.

Der Begriff der Propaganda

> „Propaganda... ein unentbehrliches Fremdwort, also zu übersetzen mit ‚Dingsda..., Sie verstehen schon, was ich meine!' Nein, wir verstehen uns ganz und gar nicht! Jeder versteht unter dem Dingsda etwas anderes."[6]

Die Begriff Propaganda hat eine lange Geschichte und unterlag dabei immer wieder vielfältigen Definitionsversuchen.[7] Sein scheinbar unkontrollierbares Schillern hat sogar zu der Forderung geführt, „Propaganda als einen vorwissenschaftlichen und somit im strengen Sinne unbrauchbaren Begriff auf sich beruhen zu lassen".[8]

Die Versuche, dem Begriff seine Unschärfen zu nehmen, reichen von der sehr weitgefassten Beschreibung als „Handeln in beeinflussender Absicht"[9], die weder das Thema noch die Akteure in irgend einer Form eingrenzt, bis zu Propagandabegriffen, „die ihren Gegenstand im

---

[4] BALFOUR: Propaganda in War, 1939-1945. Organisations, Policies and Publics in Britain and Germany. London 1979, S. 96.
[5] Zu den Maßnahmen und ihrer keinesfalls durchgehend positiven Beurteilung innerhalb des Kabinetts vgl. LATOUR: Goebbels' „Außerordentliche Rundfunkmaßnahmen" 1939-1942. In: VfZG, 11. Jahrgang (1963), S. 418-435. Bis zum Sommer 1940 wurden bereits 2.400 Verhaftungen auf Basis des Erlasses durchgeführt, dazu: DUSSEL: Deutsche Rundfunkgeschichte. Konstanz 2004, S. 109.
[6] BASCHWITZ: Der Massenwahn, seine Wirkung und seine Beherrschung. München 1923, S. 246.
[7] Vgl. DIPPER, SCHIEDER: Artikel „Propaganda", in: Geschichtliche Grundbegriffe, Bd. 5, Stuttgart 1984, S. 69-112.
[8] RONNEBERGER Besprechung des Buches „Propaganda. Grundlagen, Prinzipien, Materialien, Quellen" von Carl Hundhausen. In: Publizistik, 22. Jahrgang (1977), Heft 1, S. 100, zitiert nach: BUSSEMER Propaganda. Konzepte und Theorien. Wiesbaden 2005, S. 24.
[9] DANIEL: Die Politik der Propaganda. Zur Praxis gouvernementaler Selbstrepräsentation vom Kaiserreich bis zur Bundesrepublik, in: DANIEL/SIEMANN (Hrsg.): Propaganda. Meinungskampf, Verführung und politische Sinnstiftung 1789-1989. Frankfurt a.M. 1994, S.44-82, hier S. 49. CARL: Krieg der Köpfe. Medien als Waffe im

Sinne totalitärer Informationskontrolle definieren"[10], ihn also auf repressive Staatsformen und auf die direkte, womöglich plumpe politische Suggestion beschränken und mit der Ausübung staatlicher Gewalt verbinden.

Einer Analyse des NS-Rundfunks ließe sich eine derartige Propagandadefinition durchaus zugrunde legen, stimmt sie im Großen und Ganzen doch mit zeitgenössischen Propagandavorstellungen überein. Hitler betrachtete Propaganda als Mittel zum Zweck, als Instrument zur Massenbeeinflussung, das keinem moralischen Urteil unterliege und allein der Intention des Anwenders diene. Dies sei „die allererste Voraussetzung jeder propagandistischen Tätigkeit überhaupt: nämlich die grundsätzlich subjektiv einseitige Stellungnahme derselben zu jeder von ihr bearbeiteten Frage".[11] Da für Hitler die Propaganda per se wertfrei ist, sind demnach auch moralische Kategorien wie Wahrheit oder Lüge nicht darauf anwendbar. Das führt in letzter Konsequenz sogar dazu, dass er der psychologischen Kriegführung der Alliierten während des Ersten Weltkriegs aufgrund ihrer Effektivität Respekt zollt, indem er sie als „Greuelpropaganda, die in ebenso rücksichtsloser wie genialer Art die Vorbedingungen für das moralische Standhalten an der Front sicherte"[12], bezeichnet.

Mit einer solchen Definition ließe sich jedoch kein zufriedenstellender Vergleich mit dem Deutschlandfunk der BBC bewerkstelligen, da dieser außerhalb des Propagandabegriffs beschrieben werden müsste. Die pejorative Färbung, die diesem Ausdruck innewohnt und trotz Hitlers Umdeutungsbestrebungen sogar von ‚Propagandaminister' Goebbels gefürchtet worden sein muss, als er versuchte, den Begriff Propaganda aus der Bezeichnung seines neu eingerichteten Ministeriums zu streichen und durch ‚Kultur' zu ersetzen[13], würde einer unvoreingenommenen Herangehensweise im Wege stehen.

Hitlers Vorstellung von Propaganda wurde geprägt durch die Erfahrungen des Ersten Weltkriegs. In der Überzeugung, dass der Krieg nicht auf dem Schlachtfeld, sondern an der Heimatfront verloren worden sei, griff er die Furcht vor der unheilvollen Macht der Propaganda auf, um in dieser einen Beweis für ihre Effektivität und damit einen Grund zur Nachahmung zu sehen oder sogar zum Versuch, diese zu übertreffen.

Auch in Großbritannien bestimmten die Erfahrungen und Deutungen des Ersten Weltkriegs das Bild von der Propaganda. Doch gereichte der Mythos ihrer Macht ihr hier zu keinem gu-

---

Kampf um Meinungen, Haltungen und Ideologien, Dissertation, München 2004, S. 52-93 geht sogar so weit, Kommunikation grundsätzlich als Propaganda zu bezeichnen.
[10] BUSSEMER, 2005, S. 29.
[11] HITLER: Mein Kampf. 886.-890. Ausgabe, München 1943, S. 200.
[12] Ebd., S. 201.
[13] DILLER: Rundfunkpolitik im Dritten Reich. München 1980, S. 80. Eine partielle Entschärfung wurde bereits durch die Aufnahme des wesentlich positiveren und ‚leiseren' Begriffs der Volksaufklärung in den Titel des Ministeriums angestrebt, dazu: DIPPER, SCHIEDER 1984, S. 110.

ten Ruf. Im Gegenteil: Die britische Bevölkerung zeigte sich schockiert vom Ausmaß der Manipulation. In der eigenen Greuelpropaganda sah man die Ursache für die Kriegswilligkeit, und die Presse beschwor das Schreckensbild einer unheilvollen Massensuggestion, die jederzeit zu einem neuen Krieg führen könnte.[14] Entsprechend war das Wort Propaganda für einen Großteil der Engländer ein ausgesprochen negativer, ja verabscheuenswürdiger Begriff. „The word 'propaganda', in fact, had a distasteful sound to English ears, and was generally associated with the lies, bluster and name-calling favoured by the totalitarian powers"[15], stellte der Amerikaner Charles J. Rolo 1943 fest. Nicht nur, dass der Ausdruck an sich gemieden wurde – das zu Beginn des Kriegs neu eingerichtete Pendant zu Goebbels Ministerium bekam die wesentlich weniger belastete Bezeichnung *Ministry of Information* –, innerhalb der BBC wurde sogar diskutiert, ob jegliche Form der Ausweitung des Programms des Deutschen Dienstes nicht bereits Propaganda darstelle und somit grundsätzlich abzulehnen sei.[16] Ende September 1939 verzichtete die BBC auf die Ausstrahlung einer Senderreihe über die *Men of the hour* (Stalin, Hitler, Deladier), weil man der eigenen Objektivität misstraute und Propaganda vermeiden wollte.[17] Und am 3. November versicherte das *Home Service Board*, das neu gegründete Führungsgremium der BBC, dass „propaganda, in the sense of perversion of the truth [...] not in accordance with BBC policy"[18] sein könne.

Auch in der britischen Presse wurde an einen Unterschied zwischen ‚Information' und ‚Propaganda' und an die Verpflichtung Großbritanniens objektiv, ja sogar wahrheitsgetreu zu informieren, geglaubt. So verkündete der *New Statesman* sofort nach dem deutschen Einmarsch in Polen: „It is strictly true that Britain to-day has no need of propaganda. The Ministry of Information can be a Ministry of Information and not a Ministry of Lies, Dr Goebbels has made truth Britain's greatest asset".[19]

---

[14] Vgl. WITTEK: Der britische Ätherkrieg gegen das Dritte Reich. Die deutschsprachigen Kriegssendungen der British Broadcasting Corporation. Münster 1962, S. 18.
[15] ROLO: Radio Goes to War. London 1943, S. 124. Rolo selbst versucht, die moralische Wertung von Propaganda von der Intention des Propagandisten abhängig zu machen, indem er der negativen Propaganda totalitärer Regime ein Konzept von demokratischer Propaganda entgegenstellt. Vgl. S. 228.
[16] BRIGGS: The War of Words. London 1970, S. 75.
[17] Ebd., S. 94.
[18] Home Service Board, *Minutes*, 3. November 1939, zitiert nach: BRIGGS 1970, S. 97.
[19] *New Statesman*, 2.9.1939, S. 322. Zitiert nach: NICHOLAS: The Echo of War. Home Front Propaganda and the Wartime BBC, 1939-1945. Manchester 1996, S. 2. Rolo kritisiert diese Trennung von Propaganda und Information als unsinnig. Statt dem Propagandabegriff seine negative Färbung zu nehmen, versuche Großbritannien das gleiche Konzept einfach umzuetikettieren. Seiner Ansicht nach ein verhängnisvoller Fehler, der einen Bedeutungsverlust der eigenen Informationspolitik bewirke: „because of the stigma attached to the whole idea of propaganda, it was labelled information, and because information appeared a luxury, it was relegated to a backstage role in the war or defence effort." ROLO 1943, S. 228.

Diese Überlegungen machen die Notwendigkeit deutlich, einen Propagandabegriff zu finden, der sich von den zeitgenössischen Vorstellungen unterscheidet und der sowohl das Programm des NS-Rundfunks als auch das der BBC umfasst. Gleichzeitig sollte er darüber hinaus die notwendige Begrenzung des Themas für den Rahmen dieser Untersuchung ermöglichen und beispielsweise den Bereich der Reklame ausklammern.

Daher soll auf eine pragmatische Definition zurückgegriffen werden, die Propaganda als geplante Versuche deutet, „durch Kommunikation die Meinung, Attitüden, Verhaltensweisen von Zielgruppen unter politischer Zielsetzung zu beeinflussen".[20] Da dieser Definition zufolge nicht die Sendung an sich, sondern die dahinterstehende Zielsetzung politisch sein muss, ermöglicht sie, auch den Musik- und Unterhaltungsbereich zu berücksichtigen, der insbesondere im Programm des deutschen Rundfunks das Gros der Sendezeit beanspruchte und eine entsprechende Bedeutung besaß.

Krieg im Äther

Ausgangs- und Schwerpunkt dieser Untersuchung bildet der Begriff des Rundfunkkrieges.[21] Als direkte Auseinandersetzung zweier Gegner verstanden legt der Begriff des Krieges den Vergleich von Rundfunkprogrammen nahe, die in der Zeit von 1939 bis 1945 direkt miteinander konkurrierten. Daher wird dem deutschen Inlandsrundfunk nicht der *Home Service* der BBC gegenübergestellt, sondern die Sendungen des Deutschen Dienstes. Da sich beide Programme an das gleiche Publikum richteten, nämlich das deutsche Volk, ermöglicht diese Herangehensweise eine stärkere Konzentration auf die Senderseite und somit auf die Strategien der Programmgestaltung beider Dienste. Natürlich wäre auch umgekehrt der Vergleich der deutschen Auslandspropaganda nach England mit den Inlandsprogrammen der BBC und somit eine Konzentration auf das britische Publikum denkbar gewesen. Allerdings begünstigt nicht nur die leichtere Verfügbarkeit von Quellen und Literatur zum deutschen Rundfunk den hier verfolgten Ansatz, sondern auch die Tatsache, dass der Einfluss des britischen Rundfunks auf Deutschland ungleich größer gewesen ist als umgekehrt. Zwar konnten die Sendungen des berüchtigten Lord Haw Haw zu Beginn des Krieges ein großes Publikum in Großbritannien

---

[20] MALETZKE: Propaganda. Eine begriffskritische Analyse. In: Publizistik – Vierteljahreshefte für Kommunikationsforschung, 17. Jahrgang /1972), Heft 2, S. 153-164, hier: S. 157.
[21] Unter Rundfunk sollen hier allein Radioprogramme verstanden werden. Die Fernsehdienste Großbritanniens und Deutschlands wurden während des Krieges eingestellt, vgl. Homepage der BBC: http://www.bbc.co.uk/heritage/story/ww2/ [7.12.06] sowie PIPKE: Rundfunk und Politik. Kleine Geschichte des Rundfunks in Deutschland. Hannover 1961, S. 9.

erreichen[22] und durchaus beunruhigtes Interesse in der britischen Presse hervorrufen, doch blieb diese Wirkung eine kurze Episode innerhalb des Krieges und eher auf das Amüsement der Zuhörer denn auf wirkliche Überzeugungskraft beschränkt.[23] Lord Haw Haw verlor schon bald nicht nur jegliche Glaubwürdigkeit, sondern auch sein Publikum, wie das *Ministry of Information* im Sommer 1940 befriedigt feststellte.[24]

Außerdem ergibt sich für die deutsche Seite das Problem, dass die Zuständigkeiten für den Auslandsrundfunk, beispielsweise für den Deutschen Kurzwellensender, alles andere als eindeutig waren und ständigen Konkurrenzkämpfen unterlagen. Keinesfalls kann eine so eindeutige strategische Einwirkung durch Goebbels und sein Ministerium konstatiert werden, wie es beim Inlandsrundfunk der Fall war. Eine Analyse der Propagandastrategien des Deutschem Kurzwellensenders und der diversen deutschen Geheimsender hätte sich immer mit dem Problem der sich bekämpfenden Interessen des Reichsministeriums für Volksaufklärung und Propaganda mit denen des Auswärtigen Amts auseinanderzusetzen.[25]

Weiterhin ist zu erwähnen, dass Goebbels eindeutig zwischen den strategischen Leitlinien für den Inlands- und für den Auslandsrundfunk unterschied. Widersprüche waren dabei einkalkuliert. Die BBC hingegen bemühte sich um Widerspruchsfreiheit in ihren verschiedenen Diensten[26], allein schon, weil aufgrund der größeren Verbreitung der englischen Sprache einem ungleich größeren Teil der potentiellen Hörerschaft ein Vergleich der verschiedenen Dienste der BBC möglich war als bei den Programmen des deutschen Rundfunks. Zu große Unterschiede in den Aussagen hätten folglich der angestrebten Glaubwürdigkeit der BBC entgegengewirkt.

Erwartete Ergebnisse

Den ersten Schwerpunkt dieser Studie bildet die Untersuchung der Organisationsstruktur der Rundfunkorganisationen in Deutschland und Großbritannien. Ein Vergleich der deutschen mit den britischen Einrichtungen des Rundfunks in den ersten Jahren des Krieges belegt die These, dass

---

[22] DAHL Arbeitersender und Volksempfänger. Proletarische Radio-Bewegung und bürgerlicher Rundfunk bis 1945. Frankfurt a.M. 1978, S. 121 spricht von sechs Millionen täglichen und 18 Millionen gelegentlichen Hörern.
[23] Die vom *Daily Mirror* gegründete Anti-Haw-Haw League wurde am 26.7.1940 aufgelöst, vgl. BRIGGS 1970, S. 215f.
[24] ROLO 1943, S. 61.
[25] Die Kompetenzen für den Auslandsrundfunk wurden während Krieges immer wieder zwischen den beiden Ministerien ausgehandelt, wobei sich das AA unter von Ribbentrop schließlich einen dauerhaften Einfluss sichern konnte. Vgl. dazu: DILLER 1980, S. 323f und S. 326f.
[26] BRIGGS 1970, S. 6.

die zentralistische Struktur des deutschen Rundfunkwesens eine schnellere Anpassung an den Kriegszustand ermöglichte als der etwas ‚diffuse' Aufbau der BBC. Die staatliche Kontrolle des Rundfunks gestatte eine umfassende propagandistische Vorbereitung des Krieges allein auf deutscher Seite.

Gleichzeitig führt der Vergleich der Organisation des nationalsozialistischen Rundfunks nach dem Führerprinzip mit den demokratischen Strukturen der britischen Propagandabehörden zu der Erkenntnis, dass

die ständigen Konkurrenzstreitigkeiten der staatlichen Einrichtungen um die Weisungsmacht für den deutschen Rundfunk zu einer erheblichen Beeinträchtigung des Rundfunkbetriebes führten. Die dezentrale Organisation der britischen Propaganda hingegen erforderte zwar Improvisationstalent, ermöglichte den Mitarbeitern der BBC aber auch größere individuelle Freiheiten und ließ mehr Raum für Kreativität.

Den zweiten Schwerpunkt bilden die Propagandastrategien hinter der Gestaltung der untersuchten Rundfunkprogramme. Die Betonung liegt hier folglich auf der Produzentenseite, was eine Konzentration auf die Grundkonzepte und die ideologische Prägung der Programme ermöglicht. Dabei ergibt sich die These, dass

der deutsche Rundfunk nach außen zwar deutlicher ideologisch gefärbt war als das Programm der BBC, er sich aber trotzdem in seinen Strategien wankelmütiger und stärker von den jeweiligen politischen Umständen abhängig zeigte. Die BBC verfolgte auch in Zeiten militärischer Niederlagen als ideologisches Hauptelement kontinuierlich das Konzept der Glaubwürdigkeit durch größtmögliche Objektivität, während beim deutschen Rundfunk mehrfach das Grundkonzept des Programms der militärischen und politischen Situation angepasst wurde.

Als Gegengewicht zu dieser Betonung der Seite der Programmgestalter wendet das abschließende Kapitel den Blick der Seite der Rezipienten zu und geht den bereits angesprochenen Fragen nach dem Einfluss der Hörerschaft und dem Verhältnis zwischen Konsument und Produzent nach. Angelehnt an Michel de Certeaus Theorie vom Konsum als versteckter Form der Produktion, ergibt sich die These, dass

die Rezeption des Radioprogramms als aktiver Prozess verstanden werden muss. Der Einfluss des Hörers wirkt sich bereits während der Produktion von Sendungen aus, indem sich der Produzent, um erfolgreich zu sein, an den Wünschen und Bedürfnissen orientiert, die er beim Rezipienten erwartet. Insbesondere für den deutschen Rundfunk bedeutete dies, dass die Radiopropagandisten das Programm keinesfalls frei nach ideologischen Gesichtspunkten gestalten konnten, sondern indirekt dem Zwang der Akzeptanz durch das Publikum unterlagen. Die Entfernung von den Bedürfnissen und der Alltagswirklichkeit der Hörer im Laufe des Kriegs führte einen Wirkungsverlust des deutschen Rundfunks herbei.

2. Die Organisation der Rundfunkpropaganda in Deutschland und Großbritannien

Als Hitler nach der Wahl 1932 Franz von Papen anbot, dessen Regierung von der NSDAP tolerieren zu lassen, knüpfte er dieses Angebot an einen ungehinderten Zugriff der Partei auf den Rundfunk[27]; und auch im Bündnis mit der DNVP ein Jahr später war die paritätische Nutzung der Sendeeinrichtungen Bedingung für das Zustandekommen der Koalition.[28] Der Rundfunk spielte in den Plänen der Nationalsozialisten von Anfang an eine zentrale Rolle. Für Goebbels war er bereits am 18. März 1933 „einflußreichster Mittler zwischen geistiger Bewegung und Volk, zwischen Idee und Menschen".[29] In Übereinstimmung mit Hitlers Vorstellung von Propaganda begriff er den Rundfunk als das Instrument, das dem Nationalsozialismus im ganzen Volk zum Sieg verhelfen würde: „Damit ist der Rundfunk wirklicher Diener am Volk, ein Mittel zum Zweck, ein Mittel zur Vereinheitlichung des deutschen Volkes".[30] Ein Mittel, das in Goebbels Augen in seiner Bedeutung sogar die Presse übertraf: „Was die Presse für das 19. Jahrhundert war, das wird der Rundfunk für das 20. Jahrhundert sein".[31]

Die Möglichkeit, mit relativ geringem technischen und finanziellen Aufwand eine riesige Hörerschaft zu erreichen, machten den Rundfunk in den Augen von Reichssendeleiter Eugen Hadamovsky zum „wunderbarsten Instrument der Propaganda" mit der Mission, „das gesamte deutsche Volk aus innerem Muß heraus an den Lautsprecher zu bringen".[32] Mehr noch: Hadamovsky zufolge war der Rundfunk gleichsam artverwandt mit der Ideologie des Nationalsozialismus', sein natürliches Medium, sich auszudrücken:

> „Der nationalsozialistische Mensch und seine lebendige Weltanschauung suchte [sic!] sich ein Ausdrucksmittel, das ihm arteigen, d.h. politisch wäre. Ein Instrument, das die neuen Werte seiner Weltanschauung von Blut und Boden, Rasse, Heimat und Nation darstellen könnte. Dieses Instrument fand der Nationalsozialismus im Rundfunk, der alle innerlichen und äußerlichen Voraussetzungen dazu besitzt."[33]

Und noch 1942 wies der Arbeits- und Finanzplan für die deutsche Auslands-Rundfunk-Gesellschaft ‚Interradio AG' auf die kriegswichtige Bedeutung des Massenmediums hin, indem er ihm die Macht zur Einflussnahme auf ganze Völker zugestand:

> „In diesem Kriege spielt wie in keinem anderen Kriege zuvor der Kampf um die öffentliche Meinung in den Ländern aller Kontinente eine entscheidende Rolle. Hierbei haben die Erfahrungen des Krieges ge-

---

[27] DAHL 1978, S. 103f. Vgl. LATOUR 1963, S. 418.
[28] Tatsächlich griff die NSDAP aber wesentlich häufiger auf den Rundfunk zu als die DNVP. Vgl. DILLER 1980, S. 67ff.
[29] Goebbels in: Das Archiv, 18.3.1933, S. 766f, zitiert nach: DILLER 1980, S. 9.
[30] Goebbels am 25.3.1933, in: Mitteilungen d. RRG (Sonderbeilage), 30.3.1933, nach: DILLER 1980, S. 9.
[31] Goebbels zur Eröffnung der Funkausstellung im August 1933, zitiert nach: LATOUR 1963, S. 418.
[32] Mitteilungen der RRG, 14.9.1933, zitiert nach: DILLER 1980, S. 150.
[33] HADAMOVSKY: Der Rundfunk im Dienste der Volksführung. Leipzig 1934, S. 12.

zeigt, daß der Rundfunk als das modernste, weltumspannende Instrument der Propaganda die Möglichkeit der Beeinflussung der Völker nahezu unbegrenzt gestaltet hat".[34]

Chancen und Nutzen des Rundfunks für die Bewegung und später für die Kriegsbemühungen wurden von den Nationalsozialisten in höchsten Tönen gelobt, das Einschalten des Radios von Goebbels 1936 gar zu Bürgerpflicht erhoben: „Der deutsche Rundfunk ist in den letzten Jahren zu einem unentbehrlichen Lebensbegleiter des deutschen Volkes geworden. Wer sich von der Teilnahme am Rundfunk ausschließt, läuft daher schon heute Gefahr, auch am Leben der Nation vorbeizugehen".[35]

Auch in England wurden ähnliche Meinungen geäußert. So verkündete der Abgeordnete Andrew McLaren am 11. Oktober 1939 im *House of Commons*: „There is no more powerful weapon than the unseen echo that encircles the earth and passes from one point into the heart of millions".[36]

Doch schien man grundsätzlich in Großbritannien nicht annähernd so enthusiastisch gegenüber dem Rundfunk eingestellt zu sein, wie dies im Dritten Reich der Fall war. Gegenüber der Presse mit ihrer stolzen Tradition hatte das neue Medium von Anfang an einen schweren Stand. Bis zum Ausbruch des Krieges durfte die BBC keine Nachrichten vor 18 Uhr senden, wollte sie nicht gegen das Monopol der mächtigen Presseagenturen verstoßen.[37]

Anders als Hitler, der in „Mein Kampf" die Bedeutung der Propaganda ausdrücklich betont, ihr sogar einen entscheidenden Faktor in einem kommenden Krieg zuschreibt, gestand Churchill dem Wort keine große Macht zu. „If words could kill, we would be dead already"[38], kommentierte er am 12. November 1939 in der BBC-Sendung *Ten Weeks of War* lakonisch den Einfluss von Propaganda auf das Kriegsgeschehen. Folgerichtig maß er auch Jahre später in seinem Geschichtswerk über den Zweiten Weltkrieg, für das er den Literaturnobelpreis erhielt, dem Rundfunk keine besondere Bedeutung bei: In den sechs Bänden des Buches wird er gerade zehn Mal erwähnt.[39]

---

[34] SCHNABEL (Hrsg.): Mißbrauchte Mikrophone. Deutsche Rundfunkpropaganda im Zweiten Weltkrieg. Eine Dokumentation. Wien 1967, Dokument 67: Arbeits- und Finanzplan für die deutsche Auslands-Rundfunk-Gesellschaft Interradio AG, S. 150.
[35] Goebbels bei der Eröffnung der Rundfunkausstellung 1936, nach: SCHMIDT: Radioaneignung, in: MARßOLEK, von SALDERN (Hrsg.): Radio und Nationalsozialismus. Zwischen Lenkung und Ablenkung. Tübingen 1998, S. 249-360, hier: S. 259.
[36] Zitiert nach: NICHOLAS 1996, S. 1.
[37] Ebd., S. 12.
[38] Zitiert nach: BRIGGS 1970, S. 4.
[39] Ebd., S. 4.

2.1. Deutschland – Rundfunk als staatlicher Propaganda-Apparat

„Der Führer der Nationalsozialisten, Adolf Hitler, ist soeben von dem Herrn Reichspräsidenten zum Reichskanzler ernannt worden, aufgrund einer längeren Besprechung, die der Reichspräsident heute vormittag mit Herrn Hitler sowie Herrn von Papen hatte"[40], lautete die emotionslose Meldung des Drahtlosen Dienstes, die am 30. Januar 1933 Hitlers Machtergreifung verkündete. So klang die Stimme des verhassten ‚Systemrundfunks', und führende Propagandisten der NSDAP, unter ihnen der spätere Reichssendeleiter Hadamovsky, waren überzeugt: So sollte der neue Rundfunk nicht klingen. Um den angestrebten, tatsächlich aber niemals konsequent herbeigeführten Bruch mit den alten Strukturen zu verdeutlichen, schilderte Hadamovsky ein Jahr später in seinem Buch „Dein Rundfunk. Das Rundfunkbuch für alle Volksgenossen" die sogenannte Rundfunkrevolution, die sich am Tag der Machtergreifung spontan und unter bescheidenem Anteil des Autors Bahn gebrochen habe:

> „In einem Augenblick, als der Führer zusammen mit Dr. Goebbels abermals an das offene Fenster der Reichskanzlei trat und mit erhobener Hand zu uns heruntergrüßte, sah ich plötzlich wie in einer Vision die Millionen Männer und Frauen unseres Volkes vor mir, die von dieser Stunde und diesem Erlebnis ausgeschlossen waren, die von dieser wunderbaren Stunde der Revolution nichts wußten als die trostlose bürokratische Nachricht, die der Rundfunk des alten Systems am Nachmittag durchgegeben hatte. [...]
> Jetzt, noch in dieser Stunde der Machtergreifung, mußte dieser Rundfunk nationalsozialistisch werden und das Fanal der Revolution für das ganze deutsche Volk sein. [...]
> Wir waren nicht gekommen, um mangels Kompetenzen umzukehren. Ich stürzte im Flur nach rechts [wohin auch sonst? – Anm. des Verf.], riß die Tür auf, die das Schild ‚Chef vom Dienst' trug, und trat sofort mit meinem Begleiter ein, nannte meinen Namen, der aus den Jahren der Opposition in den Funkhäusern peinlichst bekannt geworden war, und verlangte die sofortige Abordnung von Mikrophonen, Gerät und Personal nach der Reichskanzlei zur Vornahme einer Rundfunkübertragung und die Herausgabe des Befehls an alle deutschen Rundfunksender, sich der Übertragung anzuschließen."[41]

In der Tat ist das Wort ‚Vision' eine passende Beschreibung dieser Vorgänge, denn sie entsprangen allein Hadamovskys Phantasie. Schon 1938 beschwerte sich daher der eifersüchtige Richard Kolb, 1933 Sendeleiter der Berliner Funkstunde, er habe bereits früh am 30. Januar eine Sendung für den am Abend geplanten Fackelzug genehmigt und alles vorbereitet sowie den anderen Intendanten die Übertragung der Reportage befohlen.[42] Auch das entspricht mit Sicherheit nicht den Tatsachen, denn ein solcher Befehl überstieg eindeutig Kolbs Kompetenzen, doch bleibt festzuhalten, dass es sich um eine legale und offiziell abgesegnete Übertragung handelte.[43]

---

[40] Zitiert nach: HADAMOVSKY: Dein Rundfunk. Das Rundfunkbuch für alle Volksgenossen. München 1934, S. 12.
[41] Ebd., S.14ff.
[42] Kolb in einem Brief vom 15. Februar 1938 an Staatssekretär im RMVP Karl Hanke, nach: DILLER 1980, S. 58.
[43] POHLE: Der Rundfunk als Instrument der Politik. Zur Geschichte des Deutschen Rundfunks von 1923/1938. Hamburg 1955, S. 158.

Eine Rundfunkrevolution hat es also nicht gegeben. Trotzdem blieb auch der Rundfunk, ebenso wie die anderen Medieneinrichtungen, die Goebbels' neuem Ministerium unterstellt wurden, von einschneidenden Umstrukturierungen nicht verschont. Im Folgenden sollen diese Maßnahmen geschildert werden.

Personelle Säuberungen 1933

Die erste große Personalveränderung ereignete sich ohne direktes Zutun der Nationalsozialisten. Noch am Tag der Machtergreifung Hitlers trat der Rundfunkkommissar des Postministeriums und Vorsitzende der Reichs-Rundfunk-Gesellschaft (RRG) Hans Bredow, der ‚Vater des deutschen Rundfunks', zurück.[44] Dies war der Anstoß zu einer Reihe von Entlassungen, insbesondere in der Führungsetage des deutschen Rundfunkwesens. So musste einen Monat später auch der zuständige Kommissar des Innenministeriums seinen Hut nehmen.
Trotz dieser frühen Maßnahmen blieben die grundsätzlichen Strukturen des Rundfunks erhalten. Lediglich das Personal, insbesondere das der Führungsebene, wurde ausgetauscht. Dazu gehörten die drei Direktoren der RRG. Der technische Direktor Walter Schäffer musste jedoch nicht versetzt oder aus dem Amt gedrängt werden. Er nahm sich am 24 März 1933 das Leben.[45]
Knapp vier Monate nach Goebbels' Amtsantritt waren zehn der elf Intendanten der regionalen Rundfunkgesellschaften ausgetauscht.[46] Die neuen Intendanten erhielten umfassende personalpolitische Vollmachten, um nun auch die unteren Ebenen von allen jüdischen, sozialdemokratischen und kommunistischen Angestellten zu säubern. Um diese ausfindig zu machen, griff man auf „Verhöre, Denunziationen, Fragebogenaktionen, die Durchforschung und Beschlagnahme von Personal- und anderen Akten, Kündigungen, Versetzungen, fristlose Entlassungen oder auch die Wiedereinstellung mit vermindertem Einkommen"[47] zurück. Diese Säuberungen wurden am 7. April 1933 teilweise rückwirkend durch das ‚Gesetz zur Wiederherstellung des Berufsbeamtentums' legitimiert.
Wie viele Angestellte letztendlich entlassen wurden, ist heute kaum festzustellen. Aus gesicherten Daten einzelner regionaler Rundfunkanstalten lassen sich Schätzungen ableiten, die

---

[44] DILLER 1980 S. 72.
[45] Ebd., S. 110. Schäffer war nicht der einzige, den die Nationalsozialisten in den Selbstmord trieben. Die neuen Machthaber gingen mit aller Gewalt gegen ihre Konkurrenten vor. Ehemalige Intendanten und leitende Angestellte des Weimarer Rundfunks wurden von Kommandos der SA misshandelt, im KZ Oranienburg inhaftiert und schließlich in einem Schauprozess angeklagt. Die Anklage wegen Veruntreuung öffentlicher Gelder erwies sich allerdings selbst für ein Gericht der Nationalsozialisten als haltlos, vgl. DAHL 1978, S. 106.
[46] DUSSEL: Deutsche Rundfunkgeschichte. Konstanz 2004, S. 87. Lediglich der Stuttgarter Intendant behielt seinen Posten. Zur personellen Umverteilung auf den Intendantenposten vgl. DILLER 1980, S. 114.

bei etwa 270 von 2115 Beschäftigten liegen. Dass die Quote mit ca. 13 Prozent der Belegschaft den Durchschnitt der Personalveränderungen bei den Reichs- und Länderbehörden deutlich überstieg, ist auf den unmittelbaren Zugriff des RMVP, das ausschließlich mit Nationalsozialisten besetzt war, zurückzuführen.[48]

2.1.1. Die Organisationsstruktur des Deutschen Rundfunks

Das Reichsministerium für Volksaufklärung und Propaganda (RMVP)

Nachdem Hitler und Goebbels bereits am Tag nach der Wahl im März 1933 über die Einrichtung eines neuen Ministeriums gesprochen hatten, das die Verantwortung für Pressewesen, Rundfunk, Film, Theater und Propaganda übernehmen und dafür Kompetenzen aus den Metiers des Innen-, des Kultus- und des Postministeriums übertragen bekommen sollte, wurde das Kabinett am 11. März über diese Pläne informiert. Drei Tage später wurde die Einrichtung des RMVP vom Kabinett beschlossen und Goebbels zum Minister berufen.[49]

Während der Innenminister die politische Überwachung des Rundfunks bereits innerhalb der folgenden Woche abgab und der Postminister kurz darauf die finanzielle Überwachung an Goebbels übertrug – die entsprechenden Kommissariate wurden aufgelöst[50] –, kam es mit dem Außenministerium, das sich seinen Einfluss auf die Auslandspropaganda nicht nehmen lassen wollte, sogleich zu Konkurrenzkämpfen.[51] Zwar konnten erste Streitigkeiten bald geschlichtet werden, doch sollte der Kampf zwischen Auswärtigem Amt und RMVP bis zum Ende der Diktatur Bestand haben und immer wieder aufkochen.[52]

Um weiteren Konflikten entgegenzuwirken, wurden die Aufgaben des RMVP am 30. Juni 1933 in einer Verordnung Hitlers eindeutig festgelegt: „Der Reichsminister für Volksaufklärung und Propaganda ist zuständig für alle Aufgaben der geistigen Einwirkung auf die Nation,

---

[47] DILLER 1980, S. 108.
[48] Vgl. DILLER 1980, S. 127.
[49] Ebd., S. 78f.
[50] POHLE 1955, S. 189.
[51] DILLER 1980, S. 83f.
[52] Im September 1939 sicherte Hitler seinem Außenminister Ribbentrop entscheidende Befugnisse zu. Das AA richtete eine eigene Verbindungsstelle zum RRG ein, über die es unter anderem Einfluss auf die Sendungen des Deutschen Kurzwellensenders nahm. Seinen Höhepunkt nahmen die Auseinandersetzungen zwischen den konkurrierenden Ministerien, als Mitarbeiter des RMVP eine Gruppe von Angehörigen des AA gewaltsam aus den Räumen der RRG beförderten, woraufhin kurz darauf die Hinausgeworfenen versuchten, das Gebäude zurückzuerobern. Vgl. dazu: DILLER 1980, S. 317-321. Da diese Arbeit sich aber auf den deutschen Inlandsrundfunk konzentriert, kann auf den Streit mit dem AA nicht weiter eingegangen werden.

der Werbung für den Staat, Kultur und Wirtschaft, der Unterricht der in- und ausländischen Öffentlichkeit über sie und der Verwaltung aller diesen Zwecken dienenden Einrichtungen".[53] Trotz allem hatte Goebbels während seiner gesamten tausendjährigen Amtszeit mit dem Versuch der Einflussnahme in seinem Ressort zu kämpfen. Deshalb wurde zur Absicherung seiner Interessen gegenüber der Wehrmacht ein Reichsverteidigungsreferat eingerichtet, das die Verbindung zum Kriegsministerium halten sollte.

Doch als innerhalb des Wehrmachtsführungsamts des OKW im März 1939 eine eigene Abteilung Wehrmachtpropaganda gegründet wurde, die ihrerseits Kontakt zum RMVP halten sollte und außerdem die militärische Zensur des Rundfunks übernahm, bedeutete dies eine weitere ‚Einmischung' in Goebbels Aufgabenbereich. Bereits 1936 hatte der Propagandaminister hinnehmen müssen, dass Rundfunkreporter, die zu Militärmanövern eingeladen worden waren, dem Kommando der Wehrmacht unterstellt wurden. Diese frühe Form des *embedded journalism* blieb auch im Krieg erhalten bzw. wurde sogar größtenteils durch die Einsetzung eigener Propagandakompanien (PK) in der Wehrmacht ersetzt. Letztendlich musste sich das RMVP mit den Zuständigkeiten arrangieren und während des Krieges fertige Sendungen von den PK entgegennehmen, die dann über den Rundfunk ausgestrahlt wurden.[54]

Als Hitler schließlich am 10. Februar 1941 die Kompetenzen der Wehrmacht auch auf die Kontrolle sämtlicher Veröffentlichungen, die sich mit der Wehrmacht befassten, sowie die Abwehr feindlicher Propaganda dem OKW übertrug, fühlte Goebbels sich übergangen. Im September 1943 versuchte der Propagandaminister, Hitler dazu zu bewegen, ihm die Abteilung Wehrmachtpropaganda zu unterstellen.[55] Hitler jedoch lehnte ab und besiegelte damit endgültig einen beträchtlichen Einflussverlust für das RMVP. Die Wehrmacht hingegen sicherte sich nicht nur die militärische Zensur des Rundfunks, indem sie eigene Propagandaoffiziere in den Reichssendern stationierte, sondern blieb auch allein verantwortlich für die politische Betreuung ihrer Soldaten im Feld.[56]

Trotz dieser Rückschläge gelang es dem Ministerium zumindest im Inland, seinen Einfluss auf den Rundfunk stärker auszubauen. Dies wurde vor allem durch die konsequente Umsetzung des Führerprinzips, die Einrichtung eines Einheitsprogrammes im Juni 1940 und durch den sukzessiven Abbau der Eigenverantwortung der RRG erreicht.[57]

---

[53] „Verordnung über die Aufgaben des Reichsministeriums für Volksaufklärung und Propaganda", vollständig abgedruckt in: DILLER 1980, S. 89f.
[54] Ebd., S. 210f.
[55] Ebd., S. 334f.
[56] Ebd., S. 335f.
[57] vgl. MÜNKEL: Produktionssphäre, in: MARẞOLEK, von SALDERN 1998, S. 45-128, hier: S. 97.

Zur Regelung der Rundfunkangelegenheiten in Deutschland wurde im RMVP eine Abteilung unter der Leitung von Horst Dreßler-Andreß eingerichtet. Neben ihrer Funktion als Kontrollstelle der Zensur übernahm die Abteilung „Anordnungen zum Einsatz des Rundfunks bei politischen Kundgebungen, Anweisungen für die Nutzung des Rundfunks als außenpolitisches Instrument, Geschäftsverkehr mit dem Weltrundfunkverein und Verhandlungen über den internationalen Programmaustausch, Lenkung des Schulfunks, Regelung der Beziehungen zwischen Rundfunk und Presse, Rundfunkstatistik, Vertretung der RRG bzw. der einzelnen Reichssender im Geschäftsverkehr mit Reichsministerien und hohen Parteidienststellen und dgl. mehr".[58] Mit fünf Mitarbeitern in drei Referaten war die Rundfunkabteilung jedoch trotz der besonderen Bedeutung, die Goebbels dem Rundfunk beimaß, deutlich kleiner als beispielsweise die Presseabteilung. Bis 1939 stieg die Anzahl auf gerade einmal neun Beschäftigte bei einer Belegschaft von 956 Mitarbeitern im gesamten Ministerium.[59] Während des Krieges wurde die Abteilung schließlich auf acht Referate mit 27 Mitarbeitern erweitert.[60] Ihre Kompetenzen wurden während des Krieges laufend erweitert und umfassten unter Hans Fritzsche 1943 auch die Kontrolle des Rundfunknachrichtendienstes ‚Der Drahtlose Dienst' (DDD), der zuvor der Presseabteilung unterstellt gewesen war, sowie die Verbindung zur Wehrmacht. Außerdem dienten die neuen Referate als Verbindungsstellen zum Auswärtigen Amt, zur Gestapo und zum ‚Seehaus-Dienst', die das Ministerium mit ihren Berichten über die Tendenzen der ausländischen Propaganda und die Inhalte ausländischer Rundfunknachrichten versorgten.[61]

Erklären lässt sich die trotz allem geringe Größe der Abteilung unter anderem damit, dass Goebbels Wert darauf legte, über einen großen Teil des aktuellen Programmes in persönlicher Absprache mit der Reichssendeleitung bzw. den wechselnden zuständigen Personen selbst zu bestimmen bzw. die engen Mitarbeiter seines Ministerialbüros in den Bereichen Personal-, Finanz und Programmpolitik Einfluss nehmen zu lassen.[62]

Trotz der geringen Größe der Rundfunkabteilung war der Rundfunk doch die größte Geldquelle des RMVP. Denn das Ministerium finanzierte sich vor allem über die Rundfunkgebühr von zwei Reichsmark, die jeder angemeldete Hörer für sein Empfangsgerät zahlen musste. Die Gebühr wurde vom Postministerium eingezogen, das für die Wartung der Sendeeinrich-

---

[58] POHLE 1955, S. 215.
[59] DILLER 1980, S. 98-102.
[60] So die Statistik unter Hans Fritzsche 1943, vgl. DILLER 1980, S. 362f.
[61] Ebd., S. 363ff. In dieser Funktion kontrollierte die Abteilung auch die Verteilung von Abhörgenehmigungen für ausländische Sender, die Goebbels ausgesprochen streng handhabte, vgl. dazu: LATOUR 1963, S. 430-435.
[62] DILLER 1980, S. 102.

tung etwa die Hälfte des Geldes einbehielt, was immer wieder zu Streitigkeiten zwischen den beiden Ministerien führte, die nie endgültig gelöst werden konnten.[63] Diese finanziellen Streitigkeiten hatten direkte Auswirkungen auf die technischen Bedingungen des innerdeutschen Rundfunks. Der Ausbau des Lang- und Mittelwellenbetriebs wurde aufgrund der Animositäten zwischen Goebbels und Postminister von Eltz-Rübenach (zumindest bis zu dessen Abdankung 1937) vernachlässigt, so dass Deutschland in diesem Bereich in puncto Sendeleistung den anderen europäischen Großmächten hinterherhinkte.[64] Ein weiterer Grund für die Stagnation der Versorgung mit Lang- und Mittelwellensendern war die Bevorzugung der Auslandspropaganda. Goebbels räumte dem Ausbau des Kurzwellenbetriebes Priorität ein.[65]

Obwohl das RMVP finanziell immer stärker vom Rundfunk profitierte, wurden umgekehrt die Zuwendungen für die RRG prozentual kontinuierlich gesenkt: Gingen noch 1933/34 mit 32,4 Millionen RM etwa 33,5 Prozent der Gebühren an den Rundfunk, waren es 1939/40 mit 54,4 Millionen RM gerade noch 19,1 Prozent.[66] Die wachsende Gruppe der angemeldeten Hörer bezahlte letztlich immer weniger für das Programm, das sie konsumierte. „Ein Teil der Gebühren wurde schlicht dazu verwendet, das Reichsministerium für Volksaufklärung und Propaganda selbst zu finanzieren".[67]

Trotzdem reichte das Geld nicht aus, so dass das Ministerium immer wieder Zuschüsse aus der Reichskasse benötigte.[68] Um die Ausgaben zu senken, unternahm Goebbels deshalb bereits Ende 1933 einen Versuch, die regionalen Rundfunkprogramme einzuschränken und in Sendegruppen mit gemeinsamen Abendprogrammen zu vereinheitlichen.[69] Doch erwies sich diese Maßnahme als noch zu gewagt für die politische Situation. Massiver Widerstand der Länderregierungen, insbesondere Bayerns, sowie Beschwerden der Rundfunkmusikerverbände, die einen Verlust von Arbeitsplätzen befürchteten, und sogar wütende Hörerbriefe führten letztlich dazu, dass die Sendergruppen bereits am 11. Januar 1934 wieder aufgelöst wurden.[70] Erst der Krieg ermöglichte Goebbels am 9. Juli 1940 die dauerhafte Einrichtung des Einheitsprogramms.

---

[63] Ausführlich zu den Kämpfen um die Rundfunkgebühren vgl. MÜHLENFELD: Joseph Goebbels und die Grundlagen der NS-Rundfunkpolitik. In: ZfG, 54. Jahrgang (2006), Heft 5, S. 442-467, hier: S. 451-465, der aus der finanziellen Abhängigkeit des RMVP von den Rundfunkgebühren einen grundsätzlichen Einfluss auf die Gestaltung des Programms ableitet: „Da aus diesen Einnahmen wiederum der Großteil des Etats des RMVP bestritten wurde, war die NS-Rundfunkpolitik nicht nur von propagandistischen Erwägungen, sondern auch von fiskalpolitischen und monetären Zwängen (mit-)bestimmt", S. 442.
[64] POHLE 1955, S. 247-250.
[65] Ebd., S. 250.
[66] POHLE 1955, S. 193, vgl. auch DILLER, S. 163.
[67] PIPKE 1961, S. 22.
[68] DILLER 1980 S. 162.
[69] Dazu kam als Alternative das Programm des Deutschlandsenders sowie später versuchsweise Abendsendungen der Sender Luxemburg, Alpen und Weichsel, vgl. DUSSEL 2004 S. 89 und S. 104.
[70] Vgl. DILLER 1980 S. 169-179.

Die Reichs-Rundfunk-Gesellschaft (RRG)

Die Gründung der RRG fiel in die Zeit der Weimarer Republik. Auch die ersten Maßnahmen zur Zentralisierung und Verstaatlichung des deutschen Rundfunks wurden bereits vor der Machtergreifung der Nationalsozialisten durchgeführt. So übernahm der Staat 1932 51 Prozent der Anteile aller neun regionalen Rundfunkanstalten, die in der RRG versammelt waren.[71] Diese Tendenzen wurden von den Nationalsozialisten aufgegriffen, als der Gesellschaft am 8. Juli 1933 „die politische, künstlerische, wirtschaftliche und technische Gesamtleitung des deutschen Rundfunksendebetriebes"[72] zugesprochen wurde. Die regionalen Rundfunkanstalten wurden bis 1934 aufgelöst[73] und als Reichssender der RRG unterstellt, deren Sendeleitung die Kompetenzen der Intendanten bis in die konkrete Gestaltung des Musikprogramms und die Einteilung der Sendezeiten beschnitt und sie zu reinen Befehlsempfängern degradierte.[74] Der alleinige Inhaber des Stammkapitals der RRG wurde das RMVP, was die vollständige Verstaatlichung des deutschen Rundfunks abschloss und wiederum die Kompetenzen der Sendeleitung einschränkte. Spätestens ab 1941 verzichtete das RMVP jedoch auf den Umweg über die RRG und berief selbst die Konferenzen der Intendanten ein, um diese direkt kontrollieren zu können.[75]

Mit Ausbruch des Krieges sah sich die Rundfunkgesellschaft mit dem Problem des Personalmangels konfrontiert. Obwohl Goebbels die besondere Bedeutung des Rundfunks betonte, musste dieser bereits im ersten Kriegsjahr auf rund 25 Prozent der 5091 männlichen Angestellten verzichten. Bis Herbst 1940 wurden 80 Prozent der Rundfunksprecher und Redakteure und fast ein Drittel der Techniker zum Dienst in den Propagandakompanien der Wehrmacht oder im Auslandsrundfunk einberufen.[76] Dass Goebbels nicht intervenierte, mag seinen Bestrebungen geschuldet gewesen sein, die RRG sukzessive zu entmachten und unter die Kontrolle seiner Rundfunkabteilung zu stellen. Außerdem begünstigte die Einberufung der Rund-

---

[71] Zur Verstaatlichung des Rundfunks vgl. DILLER: Was Sie über den Rundfunk wissen sollten. Materialien zum Verständnis eines Mediums, 1997, S. 9-10. Internetadresse befindet sich im Literaturverzeichnis. Für eine Auflistung der Rundfunkanstalten vgl. DRECHSLER: Die Funktion der Musik im deutschen Rundfunk. Pfaffenweiler 1988, S. 22.
[72] Satzung der RRG vom 8.7.1933, zitiert nach: DILLER 1980 S. 134.
[73] Was jedoch unter anderem aufgrund des Widerstands Preußens unter Göring einige Probleme bereitete. Letztendlich war ein Einspruch Hitlers nötig, um den Streit aufzulösen. Vgl. STUIBER: Zum Rundfunkbegriff, Rundfunktechnik, Geschichte des Rundfunks, Rundfunkrecht. Konstanz 1998. S. 164f.
[74] DILLER 1980, S. 152. Vgl. auch POHLE 1955 S. 190.
[75] Ebd., S. 153.
[76] DAHL 1978, S. 120. 1943 dienten allein im Heer ca. 5000 Soldaten in den PK, DILLER 1980, S. 339.

funkmitarbeiter die von Goebbels angestrebte Einrichtung eines personalsparenden Einheitsprogramms aller Reichssender.[77]

Geleitet wurde die RRG bis 1937 von den drei Direktoren der Bereiche Programm, Verwaltung und Technik.[78] Zum zuständigen Direktor für die Gestaltung des Programms und ‚Reichssendeleiter' – einem eigens von Goebbels kreierten Titel – wurde Eugen Hadamovsky berufen, welcher sich im sogleich ausbrechenden Machtkampf innerhalb des Direktoriums am besten zu behaupten wusste und Verwaltung und Technik als begleitende Hilfsdienste betitelte.[79] Diese Streitigkeiten und die Weigerung der Verwaltung 1936, die Etatgestaltung für die Technik mit zu verantworten, beeinflussten 1937 Goebbels Entscheidung, dem Direktorium mit Heinrich Glasmeier einen Generaldirektor (selbstverständlich nicht ohne neuen Ehrentitel ‚Reichsintendant') vorzusetzen und es somit faktisch zu entmachten.[80]

Doch auch der Reichsintendant wurde bald in seinen Zuständigkeiten beschränkt. Nachdem Goebbels im August 1939 Alfred-Ingemar Berndt zum neuen Leiter der Rundfunkabteilung des RMVP ernannt hatte, begann dieser, die ohnehin schon geringen Kompetenzen der RRG weiter abzubauen. Der Verbindungsmann zwischen dem Ministerium und der RRG wurde zum Leiter einer neu eingerichteten Rundfunkkommandostelle befördert, die im Auftrag des RMVP die Koordination der RRG übernahm, was letztlich die Kontrolle über die Programmgestaltung, die Festlegung der Sendezeiten und die Zuteilung von Prioritäten bei politischen Auflagesendungen bedeutete.[81]

Als Goebbels schließlich am 6. April 1940 den Aufsichtsrat der RRG auflöste, in dem noch die letzten beiden Vertreter von Post- und Außenministerium saßen, und selbst dessen Aufgaben übernahm, war die Gesellschaft letztlich zum reinen Befehlsempfänger des RMVP geworden. Ihren Einfluss auf das Programm hatte die RRG schon durch Hadamovskys Berufung zum Leiter der Rundfunkabteilung des Propagandaministeriums im Februar 1940 eingebüßt. Die wöchentlichen Besprechungen im Berliner Funkhaus zur Programmgestaltung fanden zwar unter Beteiligung des Reichsintendanten statt, doch war Hadamovskys Abteilung in Goebbels' direktem Auftrag weisungsbefugt und informierte Glasmeier lediglich über ihre Entscheidungen. Die gesamte Programmverantwortung lag spätestens seit dem Frühjahr 1940 bei Personen außerhalb der RRG.[82]

---

[77] Dussel 2004, S. 103.
[78] Pohle 1955, S. 198.
[79] Diller 1980, S. 140f.
[80] Ebd., S. 142. Vgl. auch Dussel 2004, S. 89.
[81] Ebd., S. 351f.
[82] Ebd., S. 352-358.

Der Kreis dieser Personen wurde immer weiter beschränkt, bis ab Februar 1942 nur noch zwei Mitarbeiter von Goebbels' Ministerium, Hans Fritzsche und Hans Hinkel, für das gesamte Rundfunkprogramm verantwortlich zeichneten.

Die Reichskulturkammer (RKK)

Mit Inkrafttreten des ‚Reichskulturkammergesetzes' am 22. September 1933 wurden sämtliche Angehörige kultureller Berufsgruppen in eigenen Kammern unter der Dachorganisation der Reichskulturkammer – mit Goebbels als Präsident – zusammengefasst. Das Ausüben einer Tätigkeit im kulturellen Bereich wurde verbunden mit der Mitgliedschaft in der entsprechenden Kammer. Die Nichtmitgliedschaft oder die Entlassung aus einer solchen waren somit gleichbedeutend mit einem Berufsverbot.[83] Auf diese Weise war eine Kontrolle des kulturellen Bereichs gewährleistet, da die Mitgliedschaft an einen Ariernachweis und die politische Eignung gebunden waren und das RMVP diese jederzeit unbegründet widerrufen konnte.[84]

Zum Präsidenten der Reichsrundfunkkammer (RRK) ernannte Goebbels den Leiter seiner Rundfunkabteilung Horst Dreßler-Andreß, der sich sogleich an die Gleichschaltung von Funkindustrie, Radiohändlern, Antenneninstallateuren, Herausgebern von Rundfunkzeitschriften und den Hörerorganisationen in der RRK machte, um dadurch die ‚Rundfunkeinheit' einzurichten.[85]

Allerdings hatte die RRK von Anfang an das Problem, dass mit der RRG bereits eine zentrale Rundfunkorganisation vorhanden war, was das Arbeitsfeld der neuen Kammer enorm einschränkte.[86] Auch waren die Angestellten der RRG je nach Tätigkeit in eigenen Berufsverbänden organisiert, die entsprechend den Kammern Musik, Theater oder Schrifttum zugeordnet waren.[87]

Nachdem such die Rundfunkwirtschaft dem Zugriff der RRK entzogen hatte und Dreßler-Andreß letztlich nur noch einen aufgeblähten und kostspieligen Verwaltungsapparat leitete, zog Goebbels schließlich am 28. Oktober 1939 die Konsequenz und löste die RRK auf.[88] Ihre Mitglieder wurden von anderen Kammern übernommen.

---

[83] DAHL 1978, S. 112.
[84] DANIEL 1994, S. 67f.
[85] POHLE 1955, S. 202.
[86] DUSSEL 2004, S. 87.
[87] DILLER 1980, S. 157.

Die Reichssender

Mit der Neuordnung der RRG wurden die ehemals selbständigen regionalen Rundfunkanstalten im April 1934 in die Reichssender Berlin, Leipzig, München, Frankfurt, Hamburg, Stuttgart, Breslau, Königsberg und Köln umgewandelt und der RRG unterstellt. Dazu kamen der reichsweit ausstrahlende Deutschlandsender und der KWS für den Auslandsrundfunk, deren Intendantenposten bereits im April 1933 aufgrund der besonderen Bedeutung, die Goebbels ihnen zumaß, neu besetzt worden waren.[89]

Mit dem Anschluss des Saarlandes kam Ende 1935 der Reichssender Saarbrücken hinzu, und 1938 marschierten die Rundfunkinteressen des Propagandaministers gemeinsam mit der Wehrmacht in Österreich ein: Mit Wien trat der 13. Reichssender dem ‚Großdeutschen Rundfunk', wie Goebbels ihn am 1. Januar 1939 feierlich taufte, bei.[90]

Bei ihrem Vorrücken wurde die Wehrmacht von Rundfunkfachkräften in den Propagandakompanien begleitet, die sich sofort um die Übernahme der Sender in besetzten Gebieten kümmerten. Noch vor dem Krieg wurde so dem deutschen Rundfunk der Reichssender Böhmen hinzugefügt. Es folgte die Gleichschaltung der Sendeeinrichtungen in Polen, Belgien, den Niederlanden und Frankreich[91], und schließlich die Einrichtung der ‚Sendegruppe Ostland' in den besetzten sowjetischen Gebieten.[92]

Geleitet wurden diese Reichssender jeweils von einem Intendanten. Doch deren Kompetenzen in der Programmgestaltung waren äußerst begrenzt. Um ihnen dies klar zu machen – er „geige ihnen die Meinung, daß ihnen Hören und Sehen vergeht"[93], schrieb Goebbels am 15. Februar 1933 in sein Tagebuch – besuchte der Propagandaminister persönlich gleich zu Beginn seiner Amtszeit über die Hälfte der Reichssender.[94]

Allerdings gab es auf Senderebene zumindest im Personalbereich noch eine gewisse Unabhängigkeit. Zwar wurden Parteimitglieder eindeutig bevorzugt, doch waren qualifizierte Parteimitglieder selten, so dass eine hohe Qualifikation neben dem Wohlwollen des Intendanten den Rundfunkmitarbeitern eine gewisse Sicherheit versprach.[95]

---

[88] DILLER 1980, S. 157ff. Vgl. das Rundschreiben zur Auflösung der RRK vom 11. November 1939, in: WULF: Presse und Funk im Dritten Reich. Eine Dokumentation. Frankfurt a.M. 1983, S. 315f.
[89] Ebd. S. 113.
[90] DUSSEL 2004, S. 90. Zu den besonderen Umständen der Übernahme und Gleichschaltung des Österreichischen Rundfunks vgl. DILLER 1980, S. 222-227.
[91] SCHEEL 1970, S. 122 und S. 150f.
[92] Ebd., S. 185.
[93] Zitiert nach: FRÖHLICH (Hrsg.): Die Tagebücher von Joseph Goebbels, Teil 1, Band 2. München, London, Paris u.a. 1987, S. 376.
[94] DILLER 1980, S. 119.
[95] MÜNKEL: Produktionssphäre in: MARßOLEK, von SALDERN 1998, S. 55f. Auch die Beliebtheit bei den Hörern spielte eine Rolle, vgl. dazu S. 78f.

Nachdem Goebbels zehn von elf Intendantenposten neu besetzt hatte, wurden 1934 alle Reichssender gleichgeschaltet. Jeder Sender war strukturell gleich gegliedert in Sendeleitung, Oberspielleitung, Orchesterabteilung und Programmabteilung, die wiederum in die Unterabteilungen für Unterhaltung, Zeitfunk, Kunst und Wissen und Weltanschauung unterteilt wurde.[96]

Über die grundsätzliche Gestaltung der Sendungen wurde auf einer Intendantenkonferenz entschieden, die zumeist von Hadamovsky geleitet und später von Glasmeier übernommen wurde. Doch war die RRG letztlich nur ein Zwischenglied, das lediglich Goebbels' Anweisungen weitergab. Folglich waren die Intendanten auch direkt Goebbels und seinem Ministerium Rechenschaft pflichtig und nicht der RRG.[97]

Während des Krieges wurden die Konferenzen immer seltener, und spätestens unter der Leitung Hans Hinkels seit 1942 wurde den Intendanten klar, „daß ihre gelegentliche Beteiligung an Redaktionssitzungen [...] nur eine Farce war".[98]

2.1.2. Das Führerprinzip im Reichsrundfunk

Wie alle anderen Bereiche des nationalsozialistischen Regimes wurde auch der Rundfunk nach dem Führerprinzip organisiert. Angefangen vom Propagandaminister über den Leiter der Rundfunkabteilung des RMVP, den Reichssendeleiter bzw. den Generaldirektor der RRG, die Intendanten bis hinunter zu den Leitern der verschiedenen Programmsparten waren immer einzelne Personen für ihre Abteilungen zuständig und dem nächst höheren Leiter und letztlich dem Propagandaminister Rechenschaft pflichtig.[99] Eine Ausnahme bildete bis 1937 das Führungsgremium der RRG aus drei gleichberechtigten Direktoren, die allerdings jeder für sich wiederum dem Minister verantwortlich waren.[100] Verstärkt wurde diese Bündelung von Macht in den Händen weniger Männer – Frauen waren im Rundfunk lediglich als Schreibkräfte und gelegentlich im Bereich des Frauen- und Jugendfunks angestellt – durch die Praxis der Ämteranhäufung.

Als Reichsminister für Volksaufklärung und Propaganda, Reichspropagandaleiter der NSDAP, Präsident der RKK und mit der Auflösung des Verwaltungsrates der RRG am 6.

---

[96] POHLE 1955, S 199.
[97] DILLER 1980, S. 143 und 146ff.
[98] Ebd., S. 361. Vgl. hierzu auch POHLE 1955, S. 218.
[99] Vgl. POHLE 1955, S. 198.
[100] Ebd., S. 198.

April 1940 auch noch eine Art ‚Präsident' der RRG[101] stand Joseph Goebbels in jeglicher Hinsicht an der Spitze der nationalsozialistischen Massenmedien, inklusive des von ihm als besonders wichtig eingeschätzten Rundfunks. Anders als bei der Presse legte er beim Rundfunk besonderen Wert auf persönliche Führung.[102] So leitete er die beinahe täglichen sogenannten 11-Uhr- oder Ministerkonferenzen im RMVP selbst.[103] Vor den versammelten Funktionären des Rundfunks, dem Leiter seiner Rundfunkabteilung, dem Reichssendeleiter und später auch dem Generaldirektor der RRG, dem Leiter des DDD und Vertretern anderer Dienststellen wie der Propagandaleitung der NSDAP, Mitarbeitern des Auswärtigen Amts und Verbindungsoffizieren der Wehrmacht[104] ließ er es sich nicht nehmen, persönlich bis ins kleinste Detail in die Belange des Rundfunks hineinzuregieren. Dazu gehörten nicht nur Entscheidungen im Personal- und Finanzbereich, sondern auch Fragen der täglichen Programmgestaltung, zum Inhalt und der Gestaltung von Sendungen, zur Freigabe oder Zurückhaltung von Sendungen und ihrer Abstimmung auf die aktuelle politische Situation bis hin zu Anweisungen zur Benutzung von Wellenlängen sowie der Ausstrahlung über bestimmte Sender oder Sendegruppen.[105] In Einzelfällen bestand er sogar darauf, die Sendezeiten festzulegen und die ganz konkrete inhaltliche Gestaltung einzelner wichtiger Sendungen zu aktuellen politischen, kulturellen oder militärischen Themen selbst zu übernehmen.[106]

Als höchste Beamte unter sich etablierte der Propagandaminister den Leiter seiner Rundfunkabteilung Horst Dreßler-Andreß und den Direktor der Programmabteilung und Reichssendeleiter Eugen Hadamovsky. Dreßler-Andreß verband als Präsident der RRK und Amtsleiter der Propagandaabteilung der NSDAP Kompetenzen für die Personalpolitik des Rundfunks mit Kompetenzen im Parteibereich und in der Programmgestaltung. Hadamovsky war gerade einmal 28 Jahre alt, als der Rundfunk unter seiner programmatischen Leitung der Regierung Hitlers „die restlichen 48 Prozent zusammentrommeln" und die Bevölkerung „durchtränken [sollte] mit den geistigen Inhalten der Zeit"[107], wie Goebbels seine Aufgabe im März 1933 festlegte. In diesen Kampftagen war der junge Agitator der richtige Mann für Goebbels, jedoch nur bis ins Jahr 1937.

---

[101] DILLER 1982, S. 352f.
[102] Ebd., S. 104.
[103] POHLE 1955, S. 211.
[104] Eine namentliche Aufzählung der teilnehmenden Persönlichkeiten bei SCHEEL 1970, S. 128ff, der nicht vergisst, darauf hinzuweisen, dass mit Ausnahme Goebbels' und Hadamovskys fast alle aufgezählten Personen den Krieg überlebten und später in den Medien des imperialistischen Klassenfeindes in der BRD beschäftigt waren.
[105] POHLE 1955, S. 215f.
[106] SCHEEL 1970, S. 134.

Neuausrichtung des deutschen Rundfunks im März 1937

Nach der Phase des agitatorischen Trommelns für die Nationalsozialisten, insbesondere im Jahr der Machtübernahme, sah Goebbels die Zeit für gekommen, dem Wandel der Selbstdarstellung des Rundfunks als Träger der freien deutschen Kultur auch personell Rechnung zu tragen. Das neue Bild des Rundfunks war mit der großmauligen Demagogie des ‚unzulänglich' gebildeten Hadamovskys nach außen kaum zu vertreten.[108] Um gleichzeitig den ewigen Reibereien innerhalb des Direktoriums ein Ende zu bereiten, berief Goebbels mit Heinrich Glasmeier, dem Intendanten des Reichssenders Köln, einen Generaldirektor der RRG und Reichsintendanten und setzte somit faktisch Hadamovsky und seinen Kollegen einen allein verantwortlichen Chef vor die Nase.[109] Mit dem nach außen getragenen Versprechen der Dezentralisierung des Rundfunks hatte die Maßnahme freilich nichts zu tun. Im Gegenteil, sie bedeutete eine weitere zentrale Bündelung von Entscheidungsbefugnissen und eine stärkere Kontrolle und Überwachung der Reichssender und ihrer Intendanten durch die Verpflichtung zur gemeinschaftlichen Programmplanung unter der Leitung Glasmeiers, was sicherlich auch im Kontext der Kriegsvorbereitungen gesehen werden muss.[110]

Dreßler-Andreß erging es noch schlechter: Er wurde auf allen seinen Positionen durch den Intendanten des Reichssenders Breslau, Hans Kriegler, ersetzt.[111]

Hadamovsky gelang es Anfang 1940 für kurze Zeit, einen Teil seines ehemaligen Einflusses auf den Rundfunk zurückzugewinnen, indem er zum Leiter der Rundfunkabteilung im RMVP berufen wurde. Im Juni 1942 wurde er jedoch endgültig aus dem Rundfunk entfernt und in die Stabsleitung der Reichspropaganda-Abteilung der NSDAP versetzt. Nachdem seine Versuche, einen eigenen Parteirundfunk in Konkurrenz zur RRG zu etablieren, am Widerstand des verärgerten Propagandaministers gescheitert waren[112], meldete Hadamovsky sich frustriert als Kriegsberichterstatter bei der Wehrmacht, was letztlich zu seinem Tod an der Ostfront führte.

Die Generalbevollmächtigten Hinkel und Fritzsche

Im Oktober 1941 betraute Goebbels Hans Hinkel, den Generalreferenten für RKK-Angelegenheiten, mit der Aufgabe, das Abendprogramm des Rundfunks grundsätzlich umzukrem-

---

[107] Goebbels auf der Intendantenkonferenz am 25.3.1933, zitiert nach: DILLER 1980, S. 144.
[108] POHLE 1955, S. 178 und S. 211.
[109] DILLER 1980, S. 198f sowie POHLE 1955, S. 210.
[110] Ebd., S. 200 und S. 205. MÜNKEL 1998, S. 53 weist darauf hin, dass die gesamte Reform von 1937 dem Zweck diente, die Position des RMVP im Rundfunk gegenüber dem AA und der Wehrmacht zu stärken.
[111] DUSSEL 2004, S. 90.
[112] DILLER 1980, S. 355.

peln und aufzulockern. Nachdem er eine Gruppe von Komponisten um sich gesammelt und mit dieser ein Rahmenprogramm für bunte Abende erarbeitet[113] und dem Minister präsentiert hatte, wurde er von diesem am 15. Februar 1942 zum Alleinverantwortlichen für das gesamte Kultur- und Unterhaltungsprogramm bestellt.[114] Auf den ‚Hinkel-Sitzungen' besprach er sich mit den Leitern der zehn von ihm ins Leben gerufenen Programmgruppen[115] und legte mit diesem Expertengremium die Richtlinien für die künstlerischen und unterhaltenden Sendungen fest.[116] Allerdings schien sich das Vertrauen Goebbels in Hinkels Fähigkeiten trotz allem in Grenzen zu halten, denn er bestand weiterhin auf eine persönliche, teilweise sehr penible Einflussnahme.[117]

Der einzige Beamte, der in seiner Rundfunkarbeit eine gewisse Unabhängigkeit vom Propagandaminister erlangen konnte, war Hans Fritzsche. Fritzsche hatte es zu verstehen gewusst, Schritt für Schritt seine Karriere voranzutreiben. Als der von ihm geleitete Rundfunknachrichtendienst Anfang 1933 in das RMVP eingegliedert wurde, trat er kurz darauf in die Partei ein und übernahm zusätzlich auch die Stelle des leitenden Nachrichtenredakteurs der Presseabteilung. 1938 wurde er zum Chef der Presseabteilung berufen. Gleichzeitig war er als Autor und Sprecher für die *Politische Zeitungs- und Rundfunkschau* im Radio tätig.[118] Schließlich berief Goebbels den immer wieder beförderten Beamten am 2. November 1942 zum Leiter der Rundfunkabteilung im RMVP und übertrug ihm die Verantwortung für die Gestaltung der politischen und propagandistischen Sendungen des Rundfunks.[119] Als Aufsichtsratsvorsitzender der Interradio AG[120] war er außerdem über die Auslandspropaganda, inklusive der Programme der Geheimsender, informiert, so dass er schließlich – auch mit seinen weiterhin bestehenden Verbindungen zum DDD – über eine Kontrollmacht über den Rundfunk verfügte, die außer Goebbels bis dahin keiner einzelnen Person zugekommen war.[121] Mitte des Jahres 1944 zog Goebbels aus diesen Tatsachen die Konsequenz: Hinkel übernahm die Filmabteilung des RMVP und Fritzsche bekam die Verantwortung für das gesamte Rundfunkprogramm übertragen. Aufgrund des Kriegsverlaufs dienten die wöchentlich oder häufiger stattfindenden

---

[113] Ebd., S. 358.
[114] DUSSEL 2004, S. 105.
[115] Von „A: Leichte Tanz- und Unterhaltungsmusik" über „D: Kabarettistische Sendungen" bis „K: Schwere, weil unbekanntere klassische Musik". Für eine Liste aller Gruppen und ihrer Leiter vgl. DILLER 1980, S. 359.
[116] MÜNKEL 1998, S. 98.
[117] DILLER 1980, S. 360.
[118] Ebd., S. 350-354.
[119] DUSSEL 2004, S. 107.
[120] Ein Unternehmen, das die Aufgabe hatte, Radiosender im Ausland zu kaufen oder zu beeinflussen. Seit Oktober 1941 von AA und RMVP gemeinsam betrieben. Vgl. SCHNABEL 1967, S. 147-152.
[121] Die Einrichtung eines Auslandsreferats sicherte Fritzsche zusätzlich seinen Einfluss auf die Propagandasendungen ins Ausland, fungierte als Verbindungsstelle zum AA und kontrollierte sogar die Genehmigung von Abhörerlaubnissen für ausländische Sender, vgl. DILLER 1980, S. 363.

Konferenzen unter Fritzsche allerdings größtenteils der Schadensbegrenzung. Konstruktive Programmgestaltung war kaum noch möglich.[122]

2.1.3. Ein Radio für jeden Haushalt: Die ‚politischen' Empfangsgeräte

Die Grundlage für die Umsetzung der ehrgeizigen Pläne der Nationalsozialisten für die Verwendung des Rundfunks als Propagandainstrument war seine flächendeckende Anwendung. Neben der Abdeckung des Reichsgebietes mit Sendeanlagen war dafür auch eine möglichst vollständige Versorgung der deutschen Bevölkerung mit Empfangsgeräten notwendig. Am 1. Januar 1933 besaßen gerade einmal 4,3 Millionen Deutsche ein Radiogerät[123], weniger als sieben Prozent der Bevölkerung.

Schon 1930 war daher die staatliche Produktion eines erschwinglichen Massenradios erwogen worden. Umgesetzt wurde diese Idee jedoch erst im Mai 1933 durch die Nationalsozialisten.[124] Allerdings war der ‚Volksempfänger' keinesfalls ein rein deutsches Konzept. Ähnliche Geräte wurden auch in Polen, Norwegen, Frankreich, Ungarn und England gefertigt, was auch erklärt, warum dem Volksempfänger im Export keinerlei durchbrechender Erfolg beschieden war.[125]

Bei einem Preis von 76 RM war der gemeinschaftlich von allen 28 deutschen Rundfunkfirmen produzierte VE 301 keinesfalls billig, aber von guter Qualität.[126] Das im Krieg entstandene Gerücht von einer absichtlichen Beschränkung der Empfangsstärke durch die Nationalsozialisten, die das Abhören ausländischer Rundfunksendungen unterbinden sollte[127], entspricht keinesfalls der Wahrheit. Tatsächlich ermöglichte der VE 301 beispielsweise den Empfang der BBC, des schweizerischen Senders Radio Beromünster sowie von Radio Moskau.[128]

Trotz des hohen Absatzes des VE 301 blieb das Problem der mangelnden Durchdringung der unteren sozialen Schichten durch den Rundfunk bestehen: 1934 waren über 21 Prozent der Hörer Beamte; Arbeiter, die 43 Prozent der Gesamtbevölkerung ausmachten, waren mit 5,7

---

[122] DUSSEL 2004, S. 107 sowie DILLER 1980, S. 370f.
[123] POHLE 1955, S. 353.
[124] Laut SCHEEL 1970, S. 68, wurde die Produktion aufgrund des Drucks der großen Rundfunkunternehmen Telefunken, Siemens und AEG eingeleitet, die auf diese Weise die Konkurrenz kleinerer Betriebe ausstechen wollten.
[125] POHLE 1955, S. 253.
[126] Ebd., S. 254. Benannt war das Gerät nach dem Tag der Machtergreifung, dem 30.1.1933.
[127] Z.B. bei ROLO 1943 S. 35, der sogar völlig unzutreffend behauptete: „The people's radio proved about as popular as *ersatz* beer" (S. 35). Der Mythos von der absichtlichen technischen Beschränkung des VE findet sich auch noch in aktuellen Darstellungen wie STUIBER 1998, S. 170.
[128] DUSSEL 2004, S. 103f.

Prozent als Hörer extrem unterrepräsentiert.[129] Dazu kamen die Unregelmäßigkeiten in der regionalen Versorgung: 1937 kamen 12,65 Radios auf 100 Großstadtbewohner, jedoch nur ca. fünf Geräte auf 100 Einwohner ländlicher Gemeinden, die knapp 43 Prozent der Bevölkerung ausmachten.[130]

Um diesen unerwünschten Zuständen entgegenzuwirken, wurde auf dem Land mit großem Aufwand Werbung für den VE 301 betrieben und der Preis für das Gerät mehrfach gesenkt, bis er 1937 für 59 RM mit der Möglichkeit der Ratenzahlung zu erstehen war.[131] Bis zum Beginn des Krieges konnten auf diese Weise ca. 3,5 Millionen VE 301 verkauft werden.[132]

Um auch den einkommensschwächsten Bevölkerungsschichten den Zugang zum Rundfunk zu ermöglichen, wurde 1938 mit dem ‚Deutschen Kleinempfänger DKE 38' ein weiteres ‚politisches' Radio präsentiert. Bei einem ebenfalls in Raten zahlbaren Preis von 35 RM war das Gerät beinahe für jeden ‚Volksgenossen' erschwinglich.[133] Innerhalb eines Jahres wurden knapp eine Million Exemplare des DKE 38 verkauft, 90 Prozent davon an neuangemeldete Hörer.[134] Finanzierungshilfen wie die Praxis der IG Farben, die Raten für das Gerät direkt vom Lohn abzuziehen, sollten nicht nur die Arbeiter zum Kauf motivieren, sie ließen auch diejenigen, die auf derartigen Angebote verzichtete, als Außenseiter auffallen.[135] Letztlich wurden im Zuge der ‚Dr.-Goebbels-Rundfunkspende' bis 1942 sogar über 150.000 Radios einfach verschenkt.[136]

Dem Problem der hohen Folgekosten eines Radiokaufs wurde mit dem Erlass der Gebühren begegnet.[137] 1939 waren knapp 800.000 Hörer sowie sämtliche Dienststellen der HJ und des BDM von den Gebühren befreit.[138]

Mit Hilfe dieser Maßnahmen gelang es, die Zahl der Hörer enorm zu steigern. Am 1. Januar 1938 waren mit über neun Millionen Menschen bereits 13,4 Prozent der Bevölkerung angemeldet, 1943 wurde mit 16,2 Millionen schließlich der Höhepunkt erreicht.[139] Mit 39 Prozent

---

[129] SCHMIDT 1998, S. 286f.
[130] Ebd., S. 262f.
[131] Ebd., S. 262f sowie DUSSEL 2004 S. 102f. Zum Versuch, den Volksempfänger als ‚Landgerät' zu etablieren vgl. CEBULLA: Rundfunk und ländliche Gesellschaft 1924-1945. Göttingen 2004, S. 210ff.
[132] POHLE 1955, S. 256f.
[133] DUSSEL 2004, S. 103.
[134] SCHMIDT 1998, S. 293, Anmerkung 194.
[135] Einige Firmen schenkten ihren Angestellten sogar ganze Raten, vgl. SCHMIDT 1998, S. 297-302.
[136] So z.B. 4.000 an das Saarland direkt vor der Volksabstimmung über den Anschluss an Deutschland, 17.500 an Österreich nach dem Einmarsch. Die Firma Telefunken erhielt nach einer Spende von 30.000 Geräten die Auszeichnung als ‚NS-Musterbetrieb', SCHEEL 1970 S. 112 sowie S. 197.
[137] Dass diese vielen Hörern zu hoch waren, beweist die Tatsache, dass jeden Sommer ca. 2 Mio. Hörer ihre Geräte abmeldeten, um Geld zu sparen, dazu: SCHMIDT 1998, S. 271.
[138] POHLE 1955, S. 267.
[139] Ebd., S. 353. Während des Krieges wurden in den eroberten Gebieten häufig die Radiogeräte der einheimischen Bevölkerung beschlagnahmt und in Deutschland verteilt.

machten die politischen Geräte einen großen Anteil der Gesamtproduktion deutscher Radios in der Zeit von 1933 bis 1945 aus.[140]

2.1.4. Deutsches Wesen für die Welt – Der Deutsche Kurzwellensender (KWS)

Die Aufgabe des Vorläufers des KWS war es, deutsche Kultur ins Ausland zu senden und die deutschen Aussiedler in fremden Ländern zu erreichen. Nach der Übernahme des Senders durch die Nationalsozialisten im Februar 1933 sollten sich die Angestellten zum Ziel setzen, „deutsches Wesen, die deutschen Belange im Ausland zu propagieren", sie sollten das „Wollen und Schaffen des Nationalsozialismus"[141] kundtun.

Zu diesem Zweck wurde ein Programm für Nordamerika eingerichtet, das Nachrichten auf Deutsch und Englisch enthielt. Im Juli folgten spanischen Nachrichten für Lateinamerika.[142] 1936, im Jahr der Olympiade, in dem gigantische technische und organisatorische Anstrengungen unternommen wurden, um Menschen in aller Welt an dem großen propagandistisch aufbereiteten Spektakel teilhaben zu lassen, sendete der KWS bereits täglich 22 Nachrichtensendungen in Deutsch, Englisch, Spanisch, Portugiesisch und Holländisch in die ganze Welt.[143] 1939 sendete der KWS täglich 119 Stunden Programm, über 55 Stunden davon selbst produziertes Material.[144]

Derart großer Aufwand konnte nur betrieben werden, weil Goebbels dem Auslandsrundfunk von Anfang an Priorität gegenüber dem Rundfunk in Deutschland einräumte. Der Etat des KWS wurde zwischen 1933 und 1935 von 100.000 RM auf 2,68 Millionen RM erhöht und später immer weiter aufgestockt.[145] Bereits 1933 bekam der Sender eine eigene Programmproduktionsabteilung – mit sieben Angestellten. 1935 beschäftigte die Abteilung 51, drei Jahre später bereits 242 Angestellte.[146] Selbst im Krieg, als der Inlandsfunk unter chronischem Personalmangel litt, expandierte der KWS, so dass er Ende 1940 bereits über einen Stab von mehr als 500 Mitarbeitern verfügte.[147] Zusammen mit dem Netz von deutschen Geheimsen-

---

[140] Insgesamt wurden von 1933-1945 4,3 Mio. VE 301 und 2,8 Mio. DKE 38 produziert, dazu: SCHMIDT 1998, S. 293.
[141] Der Angriff, 7.7.33 zitiert nach: LUBBERS, SCHWIPPS: Morgen die ganze Welt. Deutscher Kurzwellensender im Dienste der NS-Propaganda. Geschichte des Kurzwellenrundfunks in Deutschland 1933-1939. Berlin 1970, S. 12.
[142] LUBBERS, SCHWIPPS 1970, S. 20.
[143] Ebd., S. 26ff. 1936 wurden die drei 12kw-Sender durch acht 50kw-Sender verstärkt, dazu: DILLER 1980, S. 282.
[144] Darunter auch Sendungen in Afrikaans und Arabisch, vgl. LUBBERS, SCHWIPPS 1970 S. 42f.
[145] Ebd.,S. 26.
[146] Für eine detaillierte Übersicht über die Organisation des KWS und seiner Angestellten vgl. Schwipps: Wortschlacht im Äther. Der Deutsche Auslandsrundfunk im Zweiten Weltkrieg. Geschichte des Kurzwellenrundfunks in Deutschland 1939-1945. Berlin 1971, S. 32-41.
[147] DILLER 1980, S. 182 und S. 300.

dern, das Europa überspannte, gehörte der KWS für den Amerikaner Charles Rolo zur „most gigantic lying machine of all time".[148]

Vor dem Krieg warb der KWS in den Wortsendungen für das NS-Regime mit seinem Wunsch nach Frieden und Völkerverständigung. Dazu kamen Reportagen zu nationalen Feierlichkeiten wie dem 1. Mai oder zu Großkundgebungen wie dem Reichsparteitag in Nürnberg 1935 sowie die Übertragung politischer Reden der Führungselite.[149] Davon, „daß der deutsche Kurzwellensender weniger als die innerdeutschen Reichssender unter dem Druck des Propagandaministeriums stand"[150], kann kaum die Rede sein, was allein schon die Tatsache belegt, dass 1938 19,5 Prozent des Gesamtprogramms des KWS aus Nachrichten bestand – bei den Reichssendern waren es knapp 10 Prozent –, Nachrichten, die dem Sender direkt aus dem RMVP von Fritzsches DDD geliefert wurden.[151] Tatsächlich zeigte sich die Propaganda im KWS weniger polternd als im innerdeutschen Rundfunk. Sie wurde diskret eingebaut in unterhaltsame Hörspiele, Vorträge über die Geschichte des Empfängerlandes oder über sonstige kulturelle oder soziale Themen sowie in die Sprachkurse, die regelmäßig ins Ausland gesendet wurden.[152]

Den Großteil der Sendezeit bestritt jedoch das Musikprogramm, das möglichst auf den Geschmack des jeweiligen Empfängerlandes abgestimmt wurde.[153] Zu großen Kultursendungen gehörten wöchentlich eine Oper und ein großes Symphoniekonzert sowie weitere Kammerkonzerte und jeden Monat für jede Sendezone ein Wunschkonzert.[154] Der hervorragenden Qualität dieser „superb musical programmes"[155] war sicherlich ein großer Teil des anfänglichen Erfolgs des KWS zu verdanken.

Bis 1939 war allein das RMVP für die Steuerung des Senders verantwortlich. Als der Krieg sich bereits abzeichnete, forderte Ribbentrop jedoch für sein Ministerium einen größeren Einfluss auf die Auslandspropaganda, was den Anstoß zu unaufhörlichen Streitigkeiten und Rangeleien zwischen AA und RMVP gab.[156]

---

[148] ROLO 1943, S. 52.
[149] LUBBERS, SCHWIPPS 1970, S. 14.
[150] Ebd., S. 15.
[151] Ebd., S. 59. Allerdings legte Fritzsche nach eigener Aussage bei diesen Nachrichten Wert auf einen Verzicht auf Polemik und auf leise Werbung für das Deutsche Reich, vgl. S. 20.
[152] SCHEEL 1970 S. 165. Eine andere Methode der Kulturpropaganda war der Export deutscher Sendungen über den Internationalen Programm- und Künstleraustausch (IPA). 1939 übernahmen ausländische Sender 1148 deutsche Sendungen, während deutsche Sender lediglich 413 ausländische Sendungen übernahmen. Allein diese Bilanz beweist schon die Bedeutung, die man in Deutschland dem IPA zuschrieb, dazu: LUBBERS, SCHWIPPS 1970, S. 37.
[153] Tanz- und Militärmusik nach Afrika, Volkstümliches in die USA, vgl. SCHEEL 1970 S. 165.
[154] LUBBERS, SCHWIPPS 1970, S. 59.
[155] ROLO 1943, S. 38
[156] DILLER 1980, S. 282 sowie S. 318ff.

1941 wurden die ehemals 22 Fremdsprachenprogramme auf 14 reduziert, um so eine Konzentration auf Europa zu erreichen. Zu diesem Zeitpunkt, auf dem Gipfel der Sendeleistung, strahlte der KWS täglich 154 Stunden Programm in den Äther.[157]

2.1.5. Wer darf den Feind hören? Streit um den ‚Sonderdienst Seehaus'

Schon bevor am 1. September 1939 das Abhören feindlicher Sender durch Goebbels' ‚Verordnung über außerordentliche Rundfunkmaßnahmen' verboten wurde, stand die Verbreitung von Sendungen des Senders Moskau als Vorbereitung zum Hochverrat unter Strafe.[158] Um aber über die Tendenzen ausländischer Programme auf dem Laufenden zu sein, war die NS-Führung auf das regelmäßige Abhören der entsprechenden Sendungen, insbesondere der Nachrichten, angewiesen. Die Rundfunkpropaganda feindlicher Sendungen stellte eine wichtige Informationsquelle dar.

Aus diesem Grund schlug der kommissarische Intendant des KWS, Adolf Raskin, im März 1940 die Einrichtung eines zentralen Abhördienstes vor. Zu diesem Zeitpunkt existierten bereits verschiedene Dienststellen und Institute, die die wichtigsten britischen und französischen Sender abhörten, doch unterstanden sie keiner zentralen Steuerung. Von Ribbentrop sah in dem Vorschlag eine Möglichkeit, seinen Einfluss auf die Auslandspropaganda auszuweiten und richtete im Juli 1940 den ‚Sonderdienst Seehaus' unter der Leitung des AA ein.[159] Seine Aufgabe war es, neben den englischen und französischen Sendern auch ‚exotischere' Programme, z.B. aus Griechenland, China, Indien und dem arabischen Raum zu überwachen. Zu diesem Zweck wurden Spezialantennen am Wannsee aufgestellt und ein Team von Sprachexperten eingesetzt.[160]

Goebbels' Reaktion darauf war alles andere als positiv. Kurz nach seiner Einrichtung beschimpfte er den Dienst in einem Brief als „nerven- und zeitaufreibende Konkurrenz [...] zu dem schon vorhandenen Propagandaapparat meines Ministeriums"[161]. Dennoch konnten die Einrichtungen des RMVP, was den Umfang des Dienstes, seinen Arbeitsbereich von 40 Sprachen und die Effektivität betraf, nicht mithalten.[162]

---

[157] SCHEEL 1970, S. 164f.
[158] DILLER 1980, S. 305.
[159] Ebd., S. 321.
[160] SCHNABEL 1967, Dok. 99 vom 30.11942: „Aufgaben und Entwicklung des Seehauses", S. 225.
[161] Zitiert nach: SCHNABEL 1967, S. 223f.
[162] Laut SCHNABEL 1967, Dok. 99, S. 226 „konkurrenzlos". Vgl. auch: DILLER 1980 S. 325.

Neben der Erstellung eines „Welt-Rundfunk-Programmes" gehörte zu den Aufgaben des Dienstes auch explizit die Zusammenstellung regelmäßiger „BBC-Wochenprogramme".[163] Insgesamt wurden rund 150 Sender mit täglich über 500 Hauptnachrichtensendungen aus der ganzen Welt erfasst, in Sprachgruppen eingeteilt und abgehört. Dass dem englischen Rundfunk dabei eine besondere Bedeutung beigemessen wurde, beweist allein schon die Größe der Abhörgruppe. 24 Angestellte der Englandabteilung erstellten im Januar 1942 1527 Sendeberichte, fast 20 Prozent der Gesamtmenge.[164]

Die Sendeprotokolle wurden gesammelt und von einer eigenen Abteilung des Dienstes zu einem *Funk-Spiegel*, der die Tendenzen und Hauptaussagen der ausländischen Rundfunkpropaganda aufzeigte, zusammengefasst und aufbereitet. Diese Berichte gingen dann an die zuständigen Reichseinrichtungen wie das RMVP, das AA und einige Dienststellen des Militärs.[165]

Goebbels, der selbst gegenüber Reichsministern und hohen Partiefunktionären rigoros das Abhörverbot von Auslandssendern durchsetzte und es letztlich gar auf die Nachrichtenoffiziere der Wehrmacht ausweiten konnte[166], befürchtete durch diese Berichte ein Unterlaufen seiner restriktiven Informationspolitik. Seines Erachtens hatten viel zu viele Personen Zugang zum *Funk-Spiegel*, was letztlich nur zur Verbreitung von Gerüchten und Defätismus in Regierungskreisen führen konnte.[167] Daher versuchte er die Verbreitung des ‚subversiven' Materials einzuschränken, indem die Berichte des Seehaus Dienstes nur mit einer vom RMVP ausgestellten Sondergenehmigung bezogen werden durften, was erhebliche Streitigkeiten innerhalb der NS-Führung heraufbeschwor.[168]

Erst als der Seehaus-Dienst am 22. Oktober 1941 der Interradio AG, dessen Aufsichtsrat sich paritätisch aus Angehörigen des Auswärtigen Amts und des RMVP zusammensetzte, einverleibt worden war[169], ließen die Spannungen um das Abhörzentrum am Wannsee teilweise nach.

---

[163] Ebd., Dok. 101 vom 12.2.1924: „Aufstellung des Verwaltungsapparates der Erfassung unter Einbeziehung der Tätigkeitsmerkmale der Mitglieder", S. 233f.
[164] Ebd., Dok. 101, S. 236f. Die zweitgrößte Gruppe kümmerte sich um französische Sendungen. Sie umfasste 14 Mitarbeiter und produzierte im selben Monat 1314 Berichte, dazu: S. 237.
[165] Ebd., Dok. 99, S. 225f.
[166] DILLER 1980, S. 307 und S. 310. Eine Führeranordnung vom 19. November 1941 listet gerade zehn Personen mit einer Abhörerlaubnis auf, vier davon beim Militär, dazu: S. 315.
[167] Vgl. Goebbels Tagebucheintrag vom 27. Januar 1942 in: FRÖHLICH 1994, S. 195.
[168] HALE: Radio Power. Propaganda and International Broadcasting. Philadelphia 1975, S. 157.
[169] SCHNABEL 1967, Dok 99, S. 228.

2.2. Unabhängiger Rundfunk? – Die *British Broadcasting Corporation* (BBC)

Das erste Programm der BBC startete im Jahr 1922 und wurde privat finanziert. Schon bald wurde das Unternehmen jedoch staatlich übernommen. Ab 1927 wurde die BBC als Einrichtung des öffentlichen Rechts verwaltet bei Garantie inhaltlicher Unabhängigkeit und Überparteilichkeit – zumindest in Friedenszeiten. Im Notfall hatte die Regierung allerdings jederzeit die Möglichkeit, über das Postministerium die Kontrolle über das Programm zu übernehmen.[170] Auch sicherte das Ministerium das Monopol der BBC, indem es keine weiteren Rundfunklizenzen mehr ausstellte.[171]

Zu Beginn des Krieges arbeiteten 4.000 Angestellte für die BBC. Aufgrund der enormen Ausweitung der Aufgaben des britischen Rundfunks stieg diese Zahl innerhalb eines Jahres auf 11.000. Während also die RRG im Laufe des Krieges schrumpfte, wurde der britische Rundfunk – nicht nur für das Ausland – enorm ausgebaut.[172]

2.2.1. Strukturen eines halbstaatlichen Unternehmens – Der Aufbau der BBC zwischen Regierungsmeinung und politischer Unabhängigkeit

Die britische Propaganda wurde nicht von einer zentralen Regierungsinstitution angeleitet. Vielmehr gab es ein Netz verschiedenster Einrichtungen, Ministerien und Propagandastellen der unterschiedlichen Waffengattungen, das in seiner Komplexität und Wandelbarkeit solche Ausmaße annahm, dass es letztlich kaum zu überblicken war.[173] Erst nach anderthalb Kriegsjahren konnten die chaotischen Strukturen einigermaßen geordnet werden. Zu diesem Zweck setzte das Informationsministerium im Frühjahr 1941 zwei Beamte als Berater für *Home* und *Foreign Broadcasting* ein. Ivone Kirkpatrick übernahm für den Auslandsrundfunk die Koordinierung der Interessen des Ministeriums in der BBC. Als *Advisor Home Broadcasting* wurde mit R.P. Ryan ein ehemaliger Mitarbeiter der BBC eingesetzt, was diese Maßnahme der Ausweitung der Regierungskontrolle auf den Rundfunk abmilderte und zur Entspannung beitrug.[174]

---

[170] WITTEK 1962, S. 26f..
[171] PÜTTER: Rundfunk gegen das „Dritte Reich". Deutschsprachige Rundfunkaktivitäten im Exil 1933-1945. Ein Handbuch. München, London, New York, Oxford, Paris 1986, S. 81.
[172] CRISELL: An Introduction History of British Broadcasting. 2. Aufl., London 2002, S 59.
[173] WITTEK 1962, S. 54 gesteht ein, dass er die Strukturen niemals vollständig durchschauen konnte.
[174] BRIGGS 1970, S. 304ff.

Eine gewisse Unabhängigkeit gegenüber der Einflussnahme der Regierung lieferte der BBC die gesicherte Finanzierung über Rundfunkgebühren, auf die die Regierung nicht ohne weiteres zugreifen konnte.[175]

Ministry of Information **(MoI)**

Zwar sollte das neu eingerichtete Informationsministerium ähnliche Aufgaben übernehmen wie das RMVP in Deutschland, wofür ihm die Kompetenzen der Pressestellen anderer Ministerien überstellt wurden, doch konnte es nie einen vergleichbaren Einfluss auf die nationale Propaganda gewinnen.[176] Ein Grund dafür war die ständige Auswechslung des Personals, die viele Probleme mit sich brachte. Nicht weniger als vier Männer bekleideten das Amt des Ministers während des Krieges.
Erste Probleme traten bereits mit der Einrichtung einer Zensurstelle aus unerfahrenen Zensoren auf, die zu einer solchen Verzögerung der Pressearbeit führte, dass die britische Presse kurz vor der Revolte stand.[177] Daraufhin wurden die Befugnisse des ersten Informationsministers Hugh Macmillan weiter eingeschränkt, so dass ihm lediglich der Bereich der Regierungspropaganda blieb. So entstand ein etwas chaotisches System aus freiwilliger Zensur bzw. nachträglicher Haftung der Redakteure für die Veröffentlichung heikler Informationen. Obwohl sich die BBC am 5. September 1939 einverstanden erklärt hatte, die Lenkung durch die Regierung in allen Kriegsangelegenheiten zu akzeptieren, musste Macmillan am 26. September im Parlament eingestehen, nicht zu wissen, welche Form der Kontrolle eigentlich vorherrsche.[178] Überhaupt war das Verhältnis des MoI zum britischen Rundfunk in den ersten Kriegsmonaten nicht gerade harmonisch. Obwohl die Einrichtung des Einheitsprogramms wie auch die Beschränkung auf zwei Wellenlängen auf Weisung der Regierung erfolgt waren, gewährte das Ministerium der BBC, die dafür im Parlament und in der Presse scharf kritisiert wurde, keinerlei öffentliche Unterstützung. Verschärft wurde der Konflikt durch die Pläne des Ministeriums, einen eigenen Rundfunkdirektor außerhalb der BBC zu berufen.[179] Um den Zeitungen und der BBC wenigstens die Unsicherheit zu nehmen und Orientierung zu bieten, verschickte das MoI *D(efence)-Notices* mit Informationen über vertrauliche Themen.[180]

---

[175] PÜTTER 1986, S. 81.
[176] BALFOUR 1979, S. 54.
[177] Ebd., S. 55ff.
[178] Ebd., S. 81.
[179] BRIGGS 1970, S. 76f sowie S. 84-91.
[180] BALFOUR 1979, S. 59.

Da das Ministerium letztlich kaum Funktionen ausübte, unter anderem auch, weil es dem Minister nicht gelang, sich gegen die anderen Mitglieder des Kabinetts durchzusetzen, wurde im Januar 1940 John Reith zum neuen Informationsminister ernannt. Der ehemalige Generaldirektor der BBC versuchte sogleich, den Rundfunk unter die Kontrolle der Regierung zu bringen, scheiterte jedoch am Widerstand des neuen Generaldirektors Frederick Ogilvie. Mit dem Regierungswechsel wurde Reith schon fünf Monate später durch Duff Cooper ersetzt. Zuvor sorgte er allerdings für die Berufung eines BBC-Beamten als *Director of Broadcasting* in das MoI, was dem Rundfunk dauerhaft den Schutz durch einen Verbündeten im Ministerium sicherte.[181] Cooper versuchte zwar, eine Verschärfung der Zensur durchzusetzen, erreichte letztlich aber nur eine Vermehrung der mittlerweile strenger formulierten *D-Notices*. Die Kürze von Coopers Amtszeit war sicherlich auch seinem Widerstreben gegenüber der von Churchill geforderten Ausweitung der Kontrolle der BBC durch die Regierung geschuldet.[182] So verteidigte er die BBC mehrfach im Parlament gegen die Kritik der Abgeordneten, verhinderte starke Kürzungen im Etat der Auslandsprogramme und bremste im August 1940 sogar die Zentralisierungsbestrebungen seiner eigenen *Broadcasting Division*.[183]

Die Einsetzung Brendan Brackens als Informationsminister im Juli 1941 brachte dann endlich Kontinuität in die Arbeit des Ministeriums. Gemeinsam mit seinem Generaldirektor vertrat er eine moderate Zensurpolitik, die auch strenge Kritik an der Regierung gestattete, solange sie nicht die Sicherheit des Landes gefährdete.[184] Bracken konnte auch erstmals einen stärkeren Einfluss seines Ministeriums auf den Rundfunk gewinnen. Gleichzeitig setzte er den weiterhin im Raum stehenden Übernahmeabsichten durch die Regierung ein Ende, was der Zusammenarbeit zwischen der BBC und dem MoI sehr zuträglich war.[185] Zur Feier des 21. Geburtstags der BBC brachte Bracken die gute Beziehung zwischen dem Rundfunk und seinem Ministerium zum Ausdruck:

> "At the beginning of this war the Government were given the power to interfere in the affairs of every institution in this country including the BBC. And though I'm always willing to take responsibility for the BBC's doings, I have refused to interfere in the policies of the Corporation. [...] In fact, I'm constantly advising my friends in the BBC of the desirability of being independent and of being very tough with anyone who attempts to put pressure on you".[186]

---

[181] BRIGGS 1970, S. 148ff.
[182] BALFOUR 1979, S. 60f sowie BRIGGS 1970 S. 30.
[183] BRIGGS 1970, S. 195 sowie S. 239 und S. 301f.
[184] BALFOUR 1979, S. 65ff.
[185] auch aufgrund Brackens guten persönlichen Verhältnisses zu Churchill, vgl. Briggs 1970, S. 307.
[186] Bracken am 8.12.1943, zitiert nach: BRIGGS 1970, S. 32. Eine solche Unabhängigkeit wurde allerdings lediglich dem Inlandsfunk gewährt.

Elektra House (EH)

Das im Februar 1939 gegründete *Department of Propaganda in Enemy Countries*, nach dem Gebäude außerhalb Londons, in dem es residierte, *Elektra House* genannt, wurde allein im ersten Jahr drei Mal einem anderen Ministerium unterstellt. Ab dem Sommer 1940 gehörte es endgültig zum Nachrichtendienst des Außenministeriums und übernahm die Verantwortung für die Rundfunkpropaganda.[187] Allerdings war das EH in seinem Einfluss auf die BBC schon aufgrund der räumlichen Entfernung eingeschränkt. Dazu kam die Tatsache, dass die beiden Verbindungsbeamten zwischen dem EH und dem Rundfunk ihren Gehaltscheck von der BBC ausgestellt bekamen und entsprechende Loyalitäten aufwiesen. Daher beschränkte sich die Arbeit des EH größtenteils auf inoffizielle Propaganda über Geheimsender – obwohl es offiziell auch für die ‚weiße' also offene Propaganda zuständig war –, wofür der Abteilung im Mai 1940 ein eigener Kurzwellensender zugeteilt wurde.[188] Aber auch in dieser Funktion gab es unentwegt Konflikte mit dem MoI, dem Außenministerium, dem PID und sogar dem *Ministry of Economic Warfare*, das ebenfalls eine geheime Propagandaorganisation besaß.[189]

Political Warfare Executive (PWE)

Um die ständigen Streitigkeiten um die britische Propaganda zu beenden und Ordnung in die unübersichtlichen Strukturen der unzähligen Propagandadienststellen zu bringen, wurde im September 1941 das PWE eingerichtet. Dabei handelte es sich um einen kleinen politischer Ausschuss, der die Tätigkeiten der BBC, des MoI und des *Political Intelligence Departments* (Nachrichtendienst des Außenministeriums) koordinieren und anleiten sollte. Es war zusammengesetzt aus Mitgliedern der drei beteiligten Einrichtungen unter dem Vorsitz eines hohen Beamten des Außenministeriums.[190] Für die Auslandspropaganda gründete das PWE ein *Executive Committee*, das allgemeine Richtlinien und Ziele erarbeitete, und die *Central Planning Section*, die Themen vorschlagen sollte. Diese Themen wurden an eine Regionaldirektion gegeben, die mit Hilfe von Geheimdienstberichten Propagandakampagnen erarbeitete, die zur Umsetzung an die BBC weitergeleitet wurden.[191] Jede Woche trafen sich die Regionaldirektoren mit den Leitern der Auslandsprogramme der BBC. Die aktive Programmgestaltung blieb jedoch weiterhin in Händen der BBC. Auch blieben die Nachrichten unbeeinflusst, weil eine

---

[187] PÜTTER 1986, S. 81.
[188] BALFOUR 1979, S. 89f. Dazu kam die Kontrolle der Flugblattpropaganda, dazu: Wood 1984, S 55f.
[189] BRIGGS 1970, S. 32f.
[190] WITTEK 1962, S. 52ff. Die Interessen der BBC im PWE vertrat Kirkpatrick, dazu: PÜTTER 1986, S. 82.
[191] PÜTTER 1986, S. 82.

Kontrolle von außen zu Verzögerungen geführt hätte, die angesichts der Konkurrenz mit dem deutschen Rundfunk inakzeptabel gewesen wären. Eine vollständige Kontrolle übte das PWE lediglich auf die ‚schwarze', inoffizielle Propaganda der Geheimsender aus.[192]

Eine weitere Aufgabe der PWE war die Kooperation mit den Propagandainstitutionen der USA, die ab 1942 Sendezeit im Deutschen Dienst zur Verfügung gestellt bekamen, sowie mit dem Hauptquartier der Alliierten.[193]

Political Intelligence Department (PID)

Als eine Art ausführendes Organ der PWE war das PID aktiv an der Gestaltung der Auslandspropaganda beteiligt. Als Zentralstelle des politischen Nachrichtendienstes des Außenministeriums mit seinem globalen Netz von Botschaften und Agenten gehörte das PID zu den bestinformierten politischen Einrichtungen der Welt. Entsprechend groß war der Einfluss der Institution auf die britische Regierung. Ihre Kontrollaufgabe über die BBC übte das PID durch wöchentliche Direktiven aus, die die propagandistischen Grundlagen zur Programmgestaltung und die Leitlinien der britischen Außenpolitik enthielten. ‚Mit Goebbels Sprachregelungen' sind diese Direktiven jedoch nicht vergleichbar, allein schon weil sie nicht von oben oktroyiert, sondern zwischen dem Leiter des Fremdsprachendienstes der BBC und dem PID gemeinsam ausgehandelt wurden. Das führte zwar regelmäßig zum Streit zwischen den politischen Erfordernissen der britischen Regierung und dem ‚Wahrheitsanspruch' der BBC, erzwang aber auch eine gesunde Ausgewogenheit und sicherte den Gestaltern des Rundfunkprogramms eine mit den deutschen Verhältnissen nicht zu vergleichende Unabhängigkeit.[194]

Mit der Einrichtung eines Oberkommandos der Alliierten unter General Dwight D. Eisenhower im Herbst 1943 übernahm das PID auch die Funktion einer Verbindungsstelle mit dem *Psychological Warfare Department*, der militärischen Stelle des Oberkommandos für Propaganda auf das Europäische Festland.[195]

Zensurmaßnahmen

In Anbetracht der zunehmenden Wahrscheinlichkeit eines Krieges mit Deutschland nach der Sudetenkrise wurde in der BBC über die Notwendigkeit einer Abstimmung der Nachrichten mit staatlichen Zensureinrichtungen diskutiert. Zu diesem Zweck richtete die BBC ein *Cen-*

---

[192] BRIGGS 1970, S. 13 und S. 34 sowie WOOD 1984, S. 60.
[193] PÜTTER 1986, S. 82 und S. 85.
[194] WITTEK 1962, S. 55.
[195] BRIGGS 1970 S. 577ff sowie WITTEK 1962, S. 54.

sorship Department ein, in dem Zensoren aus dem eigenen Unternehmen arbeiteten. Zwar richteten sich diese nach Weisungen des Militär und der Regierung, die tatsächlichen Zensurmaßnahmen wurden aber auf freiwilliger Basis und so leise und unmerklich durchgeführt, dass einem großen Teil der Mitarbeiter des Deutschen Dienste ihre Existenz gar nicht bewusst war.[196]

Neben der Zensur der Manuskripte gab es auch eine rundfunkinterne Notfallzensur im Studio. Jede Sendung wurde von einem Zensor überwacht, der bei inakzeptablen Abweichungen vom Skript jederzeit das Mikrophon abblenden konnte.[197]

Obwohl es der BBC gelang, sich auf diese Weise vor zu starken Eingriffen durch die Regierung oder das Militär zu schützen, gab es doch auch Ereignisse wie beispielsweise den katastrophal fehlgeschlagenen Angriff britischer und kanadischer Truppen auf Dieppe im August 1942, die eine stärkere Kontrolle der Nachrichten bedingten.[198] Eher durch beleidigten Stolz motiviert war Feldmarschall Bernard Montgomerys Nachrichtensperre für BBC-Korrespondenten im Juli 1944, nachdem er im Rundfunk scharf kritisiert wurden war.[199]

Für den Notfall besaß das MoI außerdem ein Vetorecht, mit dem jede Sendung des britischen Rundfunks unterbunden werden konnte; eine Maßnahme, die jedoch niemals Anwendung fand.[200]

2.2.2. Die verschiedenen Inlands-Sendedienste der BBC

Um den Rundfunk im Kriegsfall kontrollieren zu können, wollte die Regierung den Aufsichtsrat der BBC, bestehend aus den *Governors* der Regionalprogramme, bei Kriegsbeginn auflösen. Die BBC befürchtete den Verlust ihrer Unabhängigkeit und protestierte. Die Folge war ein Kompromiss: Der neue Aufsichtsrat bestand aus dem Generaldirektor und seinem Stellvertreter sowie zwei Vertretern der *Governors*.[201] Als das MoI seinen Einfluss mit der Einberufung Ryans als Berater ausweitete – was einer der Gründe für den Rücktritt des Generaldirektors der BBC Ogilvie war –, bemühte sich der neue Informationsminister Brendan Bracken um eine Entschärfung der Situation, indem das Gremium der regionalen *Governors* im April vollständig wiederhergestellt wurde. Bracken betonte die Bedeutung dieses Gremiums als

---

[196] WITTEK 1962, S. 77f.
[197] BRIGGS 1970, S. 41.
[198] CRISELL 2002, S. 61. Der Angriff brachte der RAF die höchsten Tagesverluste ihrer Geschichte.
[199] BRIGGS 1970, S. 601.
[200] Ebd., S. 78.
[201] Ebd., S. 81.

gesundes Gegengewicht zu MoI und Kabinett, eine Funktion, die die *Governors* auch sogleich mit gesundem Selbstbewusstsein ausübten.[202]

Auch Brackens Entscheidung für Robert Foot als neuem Generaldirektor der BBC im Januar 1942 erwies sich als Glücksgriff. Der Wirtschaftsexperte nahm sogleich erfolgreich die Reorganisation der chaotischen Finanzen in Angriff und befreite den Rundfunk dadurch von den zunehmenden Eingriffen des Finanzministeriums, was sehr zu seiner Akzeptanz innerhalb der BBC beitrug.[203] Auch führte die Trennung von Verwaltung und Programmangelegenheiten – für die Foot mit dem erfahrenen BBC-Mitarbeiter Cecil Graves einen zweiten Generaldirektor zur Seite gestellt bekam – zu einer Dezentralisierung der BBC. Die zentrale Verwaltungsstelle wurde aufgelöst und ihre Aufgaben den einzelnen regionalen Programmabteilungen übergeben.[204] Die auf diese Weise erfolgreich umstrukturierte BBC konnte Anfang 1944 nach dem krankheitsbedingten Rücktritt Graves und Foots Wechsel zu einer anderen Behörde wieder von einem einzelnen Generaldirektor, dem Reuters-Journalisten William Haley, übernommen werden.[205]

Wie in Deutschland wurden auch in Großbritannien zu Beginn des Krieges die regionalen Rundfunkprogramme eingestellt und durch ein Einheitsprogramm ersetzt. Dafür gab es vor allem technische Gründe. Um die Ortung der Sender durch angreifende Flugzeuge zu verhindern, wurden alle Sendestationen zu zwei Gruppen zusammengeschlossen, die das Programm jeweils nur auf einer einzigen Wellenlänge übertrugen. Die starke Überlappung der Signale ermöglichte eine Peilung einzelner Sender erst aus sehr kurzer Distanz. Wenn die zuständigen Stellen der RAF dann die entsprechenden Transmitter abstellten, führte das aufgrund der Synchronisierung lediglich zu einem leichten Nachlassen der Signalstärke. Unterstützt wurde dieses System in dicht besiedelten Gebieten zusätzlich durch ein Netz schwacher Sender, die erst bei akutem Luftalarm abgeschaltet werden mussten. Während des gesamten Krieges kam es daher nur ein einziges Mal zum Ausfall des Radioprogramms. In Deutschland hingegen mussten die Sender regelmäßig während der Luftangriffe abgestellt werden.[206]

Trotz dieser erfolgreichen technischen Anpassung war der britische Rundfunk auf den Krieg nicht vorbereitet. Zwar erfreuten sich die Nachrichten großer Beliebtheit, doch existierten keine Pläne für ein Programm zur Unterhaltung der Bevölkerung in einem für die Briten (noch) ereignislosen Krieg.[207] Nach harscher Kritik an den ‚langweiligen' Sendungen des

---

[202] Ebd., S. 306ff.
[203] Ebd., S. 327ff sowie zu Foots Finanzierungskonzept S. 480f.
[204] BRIGGS 1970, S. 486ff. Vgl. S. 489 für ein Schema der neuen Verwaltungsstruktur.
[205] Ebd., S. 501f.
[206] BRIGGS 1970, S. 56f.
[207] Ebd., S. 72f.

Home Service wurde daher 1940 mit dem *Forces Programme* ein Alternativprogramm eingerichtet, das hauptsächlich seichtere Unterhaltungssendungen ausstrahlte. Zwar sollte das Programm vor allem die Langeweile britischer Soldaten vertreiben, doch erfreute es sich auch bald bei der Bevölkerung großer Beliebtheit. 1942 hatte es bereits 50 Prozent mehr Hörer als der *Home Service*, darunter mehr Zivilisten als Soldaten.[208] Dieser Erfolg beruhte nicht zuletzt auf umfangreichen und regelmäßigen Hörerbefragungen unter den Soldaten. Die Erkenntnisse aus diesen Umfragen hatten großen Einfluss auf die Gestaltung des Programms.[209]

Zum wohl bekanntesten Produkt des *Forces Programme* wurde Vera Lynn.[210] Obwohl die Militärs gegenüber den sentimentalen und womöglich heimwehrzeugenden Liedern der nicht sonderlich attraktiven Sängerin anfangs skeptisch waren, erwies sich das Konzept des ‚einfachen Mädchens', das seinen Freund vermisst und dennoch stolz auf ihn ist, als ausgesprochen wirksam gegen die deutsche Propaganda über untreue britische Ehefrauen. „Vera Lynn became the great icon of the Second World War 'the Forces' Sweetheart'".[211]

Auch das *Home Programme* gewann Anfang 1940 wieder an Beliebtheit. Nachdem sich das Verhältnis zum MoI gebessert hatte, war eine reibungslosere Gestaltung des Programms möglich, was auch eine Verbesserung bewirkte.[212]

Ende 1942 kam mit dem *General Overseas Service* für die im Ausland stationierten britischen Truppen noch ein drittes Programm hinzu, welches im Februar 1944 in Vorbereitung der Invasion in Frankreich mit dem *Forces Programme* zum *General Forces Programme* verschmolzen wurde, um dadurch allen Soldaten das Hören der gleichen Sendungen zu ermöglichen und damit das Zusammengehörigkeitsgefühl zu stärken.[213]

Trotz der vielen Kontroll- und Steuerungsinstitutionen innerhalb und außerhalb der BBC arbeiteten die Angestellten der Produktionsabteilung relativ unabhängig. Die Sendungen unterlagen keiner Einflussnahme durch höhere Dienststellen, was für ein gutes Arbeitsklima sorgte. Auf Anfrage der Programmabteilung erstellten die Produktionsabteilungen der verschiedenen Sparten (z.B. *Religious Broadcasting*, *Music*, *Variety*, *Features* etc.) die angeforderten Programme. Die Fachkräfte blieben unter sich und auf ihr Spezialgebiet konzentriert, ohne dass man ihnen ‚von oben' hineinredete.[214]

---

[208] CRISELL 2002, S. 59f. Zur Kritik an der BBC durch die Presse vgl. BRIGGS 1970, S. 88f.
[209] BRIGGS 1970, S. 119. Im Frühjahr 1940 wurden medienerfahrene Soldaten in Schiffsbesatzungen und anderen militärischen Einheiten zu BBC-Korrespondenten ernannt, dazu: S. 123.
[210] Deren sentimentale Schlager wie *We'll meet again* oder *White Cliffs of Dover* selbstverständlich auch in der MP3-Sammlung des Verfassers nicht fehlen dürfen.
[211] CRISELL 2002, S. 64.
[212] BRIGGS 1970, S. 112.
[213] CRISELL 2002, S 60 sowie BRIGGS 1970, S. 535.
[214] BRIGGS 1970, S. 25 sowie WITTEK 1962, S. 57.

Die Nachrichten der BBC entwickelten sich im Laufe des Krieges schnell von einer Nebensache zum wichtigsten Programmteil, der zur besten Sendezeit von etwa der Hälfte der britischen Bevölkerung gehört wurde.[215] Anders als bei der Presse unterlagen die Rundfunknachrichten einer strengen Qualitätskontrolle, was dazu führte, dass die BBC *news* oftmals nicht mit der Geschwindigkeit anderer Rundfunkstationen mithalten konnte, andererseits aber ihre Verlässlichkeit förderte und die Grundlage ihres ausgezeichneten Rufes darstellte.[216] Gespeist wurden die Nachrichten nicht nur aus den offiziellen Berichten des Militärs und den Meldungen der Pressedienste, sondern auch aus einem eigenen Nachrichtendienst der BBC mit weltweitem Netz von Korrespondenten. Die Folge waren nicht selten Konflikte mit der Regierung, die mit Zensurmaßnahmen gegen unliebsame Meldungen vorging. Dennoch sicherten sich die Rundfunknachrichten eine mit den deutschen Verhältnissen kaum zu vergleichende Unabhängigkeit.[217]

2.2.3. Senden auf allen Wellenlängen – Der Deutsche Dienst

Im November 1937 wies die Regierung die Gründung eines Fremdsprachendienstes der BBC an. Wenige Monate später nahm das arabische Programm seinen Dienst auf, gefolgt von Sendungen nach Mittel- und Südamerika. Die Sudetenkrise bedingte die Konzentration auf Europa mit Sendungen in Deutsch, Französisch und Italienisch, was schließlich zur Einrichtung des Deutschen Dienstes im September 1938 führte.[218] Zu Beginn des Krieges sendete die BBC bereits 39 Fremdsprachenprogramme in die ganze Welt – darunter auch Sendungen in so ‚exotischen' Sprachen wie Afrikaans und Burmesisch–, drei Programme mehr als der deutsche KWS.[219] Trotzdem hatten die *European Services* vor allem in den ersten Jahren des Krieges mit dem Mangel an technischer und personeller Ausstattung zu kämpfen – 1939 stand dem Auslandsrundfunk für Europa lediglich ein einziger starker Mittelwellensender zur Verfügung.[220] Verbunden mit einer chronischen Finanznot und der Konkurrenz mit den Nachrichtendiensten um fähige Mitarbeiter war der Auslandsrundfunk vor allem auf Improvisation angewiesen.[221]

---

[215] So dokumentiert für den 30. Mai 1940, dazu: BRIGGS 1970, S. 185.
[216] Ebd., S. 44 sowie S. 176.
[217] BRIGGS 1970, S. 282ff sowie S. 494.
[218] WITTEK 1962, S. 53f.
[219] HALE 1975, S. 53.
[220] Erst 1943 wurde eine ausreichende Anzahl von Sendern erreicht, um das flächendeckende Senden auf allen Wellenlängenbereichen zu ermöglichen, dazu: WITTEK 1962, S. 60f.
[221] BRIGGS 1970, S. 237. Vgl. auch S. 447.

Die negativen Folgen davon spiegelten sich in den ersten Nachrichten des Deutschen Dienstes, einem Beispiel des Dilettantismus'. Da sich niemand finden ließ, der die Übersetzung der Rede des Premierministers Neville Chamberlain zum Münchener Abkommen abtippte, musste der ungeübte Sprecher von der handgeschriebenen Vorlage ablesen. Als er die erste Seite beendet hatte, musste er minutenlang warten, weil der Rest der Rede noch nicht übersetzt worden war.[222]

Die Programmorganisation sollte ursprünglich in zentralen Abteilungen für *European News*, *Talks* und *Features* erfolgen. Da es jedoch aufgrund der unterschiedlichen Sprachen und auch der ganz unterschiedlichen politischen Situationen innerhalb der Empfängerländer nicht möglich war, gemeinsame Produktionsgruppen einzurichten, blieb die Gestaltung des Programmes den einzelnen Diensten überlassen.[223]

Um trotzdem für eine gewisse Einheitlichkeit innerhalb der *European Services* zu sorgen, erarbeitete das MoI ab August 1942 wöchentliche Direktiven zur grundsätzlichen politischen Orientierung der europäischen Dienste.[224]

Chefredakteur des Deutschen Dienstes wurde Hugh C. Greene, der als ehemaliger Korrespondent für den *Daily Telegraph* in Berlin gute Kenntnisse über Deutschland besaß. Greene machte es sich zur Aufgabe, eine eigenständige Nachrichtenredaktion aufzubauen, die die Bedürfnisse des Deutschen Dienstes gegenüber der zentralen Nachrichtenredaktion der *European Services* unter Noel Newsome durchsetzen sollte. Er betrachtete es „als einen unserer Beiträge zur Kriegsanstrengung, dafür zu sorgen, daß Newsomes Direktiven stets sofort spur- und folgenlos untergingen".[225] Mit der Berufung Greenes gelang es dem Deutschen Dienst, sich dem bis dahin bestimmenden Zugriff des EH zu entziehen und eine eigene unabhängige Programmabteilung einzurichten. Ab Oktober 1940 beschränkte sich der Einfluss des EH auf wöchentliche Sitzungen, auf denen grundsätzliche Programmrichtlinien besprochen wurden.[226] Gefördert wurde die Unabhängigkeit des Dienstes auch durch die Konkurrenz unter den Behörden, die um den Einfluss auf die Auslandspropaganda kämpften. Dies führte zwar zu der Absicht, den Deutschen Dienst komplett der Kontrolle der Regierung zu unterstellen,

---

[222] HALE 1975, S. 50. Teile der ersten Nachrichten des Deutschen Dienstes als Audiodatei auf: DEUTSCHES RUNDFUNKARCHIV (Hrsg.): „Hier ist England". Historische Aufnahmen des Deutschen Dienstes der BBC, (Stimmen des 20. Jahrhunderts), Audio-CD, Berlin, Frankfurt a.M. 1998, Track 2.
[223] WITTEK 1962, S. 57f.
[224] Balfour 1979, S. 94.
[225] TRACEY: Sir Hugh Greene. Mit dem Rundfunk Geschichte gemacht. Eine Biographie. Berlin 1984, S. 86. Newsome zeigte sich im Juni 1942 ausgesprochen verärgert über die Alleingänge der einzelnen Nachrichtenredaktionen. Die von ihm angestrebte Zentralisierung konnte er nicht durchsetzen, dazu: BRIGGS 1970, S. 437.
[226] BRIGGS 1970, S. 250ff.

doch konnte dies – mit der Unterstützung führender Regierungsbeamter – verhindert werden.[227]

Erst die Berufung Kirkpatricks als *Advisor* des Auslandsrundfunks Anfang 1941 verstärkte wieder den geregelten Einfluss der Regierung auf den Deutschen Dienst. Doch versicherte dieser bei seinem Amtsantritt, er wollte der BBC nicht ihre Unabhängigkeit nehmen. Tatsächlich gelang es ihm, die Beziehungen zwischen dem Rundfunk und dem MoI zu glätten. Seine guten Verbindungen zum Außenministerium ermöglichten außerdem schnellere Entscheidungen bei strittigen Fragen, die über den üblichen Dienstweg ansonsten zu einer Verzögerung der Programmproduktion geführt hätten.[228]

Für den Dienst galten ab 1941 *policy guidelines* vom PID, das sich über Richard Crossman in den täglichen Programmsitzungen unter Greene seinen Einfluss sicherte. Die Nachrichten wurden aber weiterhin in großer Freiheit allein von der BBC gestaltet. Außerdem war Greene wie alle Leiter der Auslandsprogramme berechtigt, Anweisung vom PID, die nicht zuvor von der BBC abgesegnet worden waren, abzulehnen.[229]

Anders als die Programme für die eigene Bevölkerung wurden die Auslandssendungen nicht über Rundfunkgebühren, sondern durch direkte Regierungszuschüsse finanziert. Daraus ergab sich zwar eine finanzielle Abhängigkeit, doch blieben Einstellung, Bezahlung und Arbeitszuteilung der Mitarbeiter der Auslandsdienste in Händen der BBC. Der Kontakt zu den Regierungsstellen verlief allein über die Abteilungsleiter. Die Angestellten der Produktionsabteilungen konnten frei von fremden Eingriffen arbeiten.[230]

Die deutschen Angestellten, etwa ein Drittel der mehr als 100 Mitarbeiter des Dienstes, durften dabei jedoch lediglich untergeordnete Aufgaben als Sprecher, Ansager und Übersetzer ausüben, was insbesondere zu Beginn des Krieges der Stimmung im Deutschen Dienst abträglich war. Das Programm wurde von Briten gestaltet, zumeist Journalisten, Politiker und Wissenschaftler mit fundierten Kenntnissen über Deutschland. An den täglichen Sitzungen zur Programmgestaltung nahmen nur selten deutsche Mitarbeiter teil. Allerdings konnten sie im Laufe des Krieges durch das Schreiben von Sendemanuskripten und Übersetzungen ihren Einfluss auf inoffiziellem Wege ausbauen. Im Zuge einer Umstrukturierung des Dienstes übernahmen sie ab Herbst auch die Prüfung der Nachrichten, um für eine möglichst authentische Sprache zu sorgen.[231]

---

[227] HALE 1975, S. 50.
[228] BRIGGS 1970, S. 305.
[229] PÜTTER 1986, S. 85. Zu den Rechten der Leiter der Auslandsprogramme vgl. BRIGGS 1970, S. 437.
[230] PÜTTER 1986, S. 81. Zur Finanzierung vgl. BRIGGS 1970, S. 479ff.
[231] WITTEK 1962, S. 59f sowie PÜTTER 1986, S. 85 und BRIGGS 1970 S. 189.

Zu Beginn des Krieges umfasste das Programm des Deutschen Dienstes gerade einmal sieben Stunden pro Woche. Mit der zunehmenden Bedeutung, die BBC und Regierung Greenes Abteilung beimaß, wurde der Output jedoch gesteigert und der Frequenzbereich ausgeweitet. 1940 sendete der Deutsche Dienst bereits über 17 Stunden pro Woche. Den Höhepunkt bildete das Jahr 1943 mit wöchentlich mehr als 34 Stunden, die vor allem über Kurzwelle, abends und nachts aber auch mit Hilfe starker Mittel- und Langwellensender nach Deutschland gesendet wurden.[232] Die Verwendung von größeren Wellenlängen sollte auch den vielen Deutschen, die über kein zum Kurzwellenempfang geeignetes Radiogerät verfügten, das Hören des Deutschen Dienstes ermöglichen.

2.2.4. Dem Feind aufs Maul geschaut – Der BBC *Monitoring Service*

> "And so it went – an incessant babel of sound in more than forty languages and dialects, hope, hate and hokum; claims and wildly conflicting counter-claims, more words in one day than William Shakespeare wrote in a lifetime!"[233]

Als der *Monitoring Service* im August 1939 gegründet wurde, verfügte er über einen Stab von 40 Mitarbeitern. Zwei Jahre später beschäftigte er bereits 500 Angestellte, die Hälfte davon Ausländer, die zuvor auf ihre Gesinnung und ihre politische Einstellung geprüft worden waren.[234] Neben dem Abhören, Protokollieren und Übersetzen der Programme der Rundfunksender der Welt durch die *Reception Unit* – welche 1944 das gigantische Pensum von 1,25 Millionen abgehörten Wörtern pro Tag absolvierte[235] – war die Hauptaufgabe des Dienstes die Weiterleitung der gesammelten Erkenntnisse. Zu diesem Zweck publizierte die *Editorial Unit* zweimal täglich einen Bericht.[236] Dieser über 100.000 Wörter starke *Daily Digest of Foreign Broadcast*, in dem ein großer Abschnitt dem deutschen Rundfunk gewidmet war, wurde an die BBC und die zuständigen Dienststellen von Militär und Regierung geschickt. Aufgrund der unüberschaubaren Materialfülle erschien ab April 1940 zusätzlich der *Monitoring Report*, in dem die wichtigsten politischen Entwicklungen und Kernaussagen aus den abgehörten Sendungen auf 5-6 Seiten nach programmatischen Hauptpunkten sortiert zusammengefasst wurden.[237] Auf der Grundlage dieser Berichte konnte das PID detaillierte Analy-

---

[232] BRIGGS 1970, S. 440 sowie WITTEK 1962, S. 60f.
[233] ROLO 1943, S. 16.
[234] WITTEK 1962, S. 65ff.
[235] BRIGGS 1970, S. 40.
[236] WITTEK 1962, S. 68ff. Eine dritte Abteilung war für technische Angelegenheiten zuständig.
[237] Ebd., S. 71. Vgl. auch: BRINITZER: Hier spricht London. Von einem der dabei war. Hamburg 1969, S. 123f sowie S. 126f.

sen der Situation in Deutschland erstellen, denn „the output of all radio channels, domestic and international, when intelligently selected provides one of the most reliable and complete pictures of the events and politics of a foreign country. In wartime monitoring reports provide intelligence services with basic information of assessing an enemy's future moves".[238] So kündigte sich der Angriff Deutschlands auf die Sowjetunion im Sommer 1942 durch zunehmende anti-sowjetische Propaganda im deutschen Rundfunk an.[239]

Zusammen mit den Veröffentlichungen des *Foreign Research and Press Service*, einem im Auftrag des Außenministeriums agierenden Forschungsinstitut, das die deutschen Printmedien überwachte, bildeten die Berichte des *Monitoring Service* außerdem die Basis des Programms des Deutschen Dienstes der BBC.[240]

Aufgrund seiner herausragenden Bedeutung für die Geheimdienste und das Militär hatte der Abhördienst kaum Probleme mit Regierungsbehörden. Im Gegenteil, PWE und MoI bemühten sich, den Ausbau der Einrichtung zu unterstützen.[241]

---

[238] HALE 1975, S. 161.
[239] Ebd., S. 161.
[240] WITTEK 1962, S. 72ff.
[241] BRIGGS 1970, S. 441.

3. Propagandastrategien im Kampf um deutsche Hörer

3.1. Volksgemeinschaft und Integration – Maxime für den NS-Rundfunk in der Friedenszeit

> „Wir begannen im Rundfunk mit einer phantastischen Welle politischer Beeinflussung und Propaganda in jeder Form. Vom 10. Februar bis zum 4. März gingen fast Abend für Abend Reden des Reichskanzlers über einzelne oder alle deutsche Sender."[242]

Nicht weniger als 45 Wahlsendungen der Regierungsparteien wurden vom 1. Februar bis 4. März 1933 im deutschen Rundfunk übertragen.[243] Da Hitler sich mit der Leere des Sendestudios nie ganz anfreunden konnte und seine Reden nur in der Anwesenheit von Publikum ihre Wirkung erzielten, wurden für seine Kundgebungen eigens Massenveranstaltungen einberufen, die dann live im Rundfunk gesendet wurden.[244]

Anfang 1934 wurde die Übertragung politischer Großveranstaltungen und Führerreden auf ein Minimum beschränkt.[245] Auf „massiertes Trommelfeuer"[246] im Jahr 1933 folgte im Jahr darauf die Kulturoffensive.[247] In dem Versuch, Genialität als primäre Eigenschaft der ‚arischen Rasse' zu präsentieren, glorifizierte der Rundfunk die angeblich „lange völkische Tradition des nationalsozialistischen Gedankenguts".[248] Den Anfang machte im Januar der Beethoven-Zyklus, in dem Beethoven mit seinen Tugenden als Vorbild für den deutschen Staatsbürger und Beispiel germanischen Charakters präsentiert wurde.[249] Hadamovsky betrachtete Beethovens „urdeutsche heldische Musik" als kulturelle Hinführung zum Nationalsozialismus, ihre Ausstrahlung in die ganze Welt deutete er als einen Erfolg der Selbstinszenierung der NS-Regierung als Kulturträger: „wir werden diesen Erfolg immer wieder erzielen, wenn wir auf den großen Höhepunkten der geistigen Linie vorwärtsschreiten [...]. Wenn wir von Beethoven zu Hitler vorwärtsschreiten".[250]

Es folgten Zyklen zu Bach, Händel, Mozart und natürlich Wagner, alle als Reichssendungen ausgestrahlt. Ziel dieser gewaltigen Inszenierungen war vor allem die Wirkung nach außen. Besonders die Wagnerfestspiele wurden ins Ausland übertragen und von ausländischen Sendern übernommen. Die Masse des deutschen Publikums konnte dadurch kaum gewonnen

---

[242] HADAMOVSKY: Dein Rundfunk, 1934, S. 76.
[243] Wobei die NDSAP weit mehr Radiosendungen bestritt als die DNVP, vgl. DILLER 1980 S. 69.
[244] POHLE 1955 S. 284.
[245] HAGEN: Das Radio. Zur Theorie und Geschichte des Hörfunks – Deutschland/USA. München 2005, S. 140.
[246] HADAMOVSKY: Dein Rundfunk, 1934, S. 76.
[247] MÜNKEL 1998, S. 100.
[248] DRECHSLER 1988, S. 36.
[249] Ebd., S. 65.
[250] HADAMOVSKY: Dein Rundfunk, 1934, S. 77f.

werden, doch konnte sich auf diese Weise die junge Regierung dem Bürgertum als Träger hoher Kultur beweisen.[251]

Nach einem Jahr war auch diese Offensive vorbei. Die neue Rundfunkstrategie richtete sich an ein möglichst großes Publikum und vermied folglich jeden elitären Eindruck.[252] In Abgrenzung von den Bemühungen des Weimarer Rundfunks um Belehrung und Erziehung des Publikums gab sich der nationalsozialistische Rundfunk anti-intellektuell und gefühlsbetont.[253] ‚Unterhaltung' war die oberste Devise: „Kein verständiger Kenner kann daran zweifeln, daß die Grundlage des Rundfunks die leichte musikalische Unterhaltung ist. Die Musik muß den Hörer entspannen und erst einmal an den Lautsprecher heranholen".[254] Kultursendungen wurden ins Nachtprogramm ab 21.30 Uhr verbannt. Den Abend bestritten bunte Unterhaltungssendungen – ein an das Varieté angelehntes Format aus einer Folge von lustigen Wort- und Unterhaltungsnummern – wie *Der frohe Samstagnachmittag* (Reichssender Köln), die dazu dienen sollten, durch abendliche Entspannung zur Erhaltung der Arbeitskraft der Hörer beizutragen und den Rundfunk als Unterhaltungsmedium im Alltag der Hörer zu verwurzeln.[255] Zu diesem Zweck wurden die erfolgreichsten Abendsendungen bald von anderen Sendern festen Sendezeiten übernommen, bis um 18. Mai 1935 um 16 Uhr schließlich über alle Sender inklusive des Deutschlandsenders und des KWS am Samstagabend der Eingangsvers erklang:

> „Nun Schluss, vergesst all Eure Sorgen,/Der Woche Werk ist vollbracht,/Jetzt wird durch fröhliches Lachen/Die Stimmung für Sonntag gemacht!/ Sollt in die Woche voller Plagen/Etwas von unserm Frohsinn tragen/Vergesst die Müh,/Vergesst die Plag/Am frohen Samstag-Nachmittag".[256]

Zwischen den Musikstücken traten in dieser Sendung die ‚Drei Lustigen Gesellen' Hans, Rudi und Karl auf und präsentierten dem Hörer ein kleinbürgerliches Idyll mit amüsanten Problemen aus Hans' familiärem Alltag und exotischen Kuriositäten aus der ‚großen weiten Welt' – jedes Mal kommentiert mit den Worten: „Ne, ne, was et nit alles jibbt".[257] Die Botschaft war klar: Glück und Harmonie findet man in der Bescheidenheit der deutschen Familie.

---

[251] DUSSEL 2004, S. 93 sowie DRECHSLER S. 29.
[252] In Übereinstimmung mit Hitlers Propagandavorstellungen: „Jede Propaganda hat volkstümlich zu sein und ihr geistiges Niveau einzustellen nach der Aufnahmefähigkeit des Beschränktesten unter denen, an die sie sich zu richten gedenkt", dazu: HITLER 1943, S. 197f. Ähnlich Goebbels: „Nur wer die Probleme auf die einfachste Formel bringen kann und den Mut hat, sie auch gegen die Einsprüche der Intellektuellen ewig in dieser vereinfachten Form zu wiederholen, der wird auf die Dauer zu grundlegenden Erfolgen in der Beeinflussung der öffentlichen Meinung kommen". Tagebucheintrag vom 29.1.1942, nach: FRÖHLICH 1994, S. 213.
[253] PATER: Rundfunkangebote, in MARBOLEK, von SALDERN 1998, S. 142. Auch hier stand Hitler Pate: „Je bescheidener dann ihr wissenschaftlicher Ballast ist, und je mehr sie [die Propaganda] ausschließlich auf das Fühlen der Masse Rücksicht nimmt, um so durchschlagender der Erfolg". HITLER 1943, S. 197f.
[254] HADAMOVSKY: Dein Rundfunk, 1934, S. 50.
[255] MÜNKEL 1998, S. 102 sowie Pater 1998, S. 192.
[256] Zitiert nach: PATER 1998, S. 200.
[257] DUSSEL 2004, S. 98 sowie PATER 1998, S. 209.

Im Zuge der Umgestaltung des Programms wurde der Musikanteil von 57,4 Prozent 1933 auf einen Höhepunkt im Jahr 1938 von 69,4 Prozent des Gesamtprogramms gesteigert. Der Wortanteil, insbesondere in Form von Vorträgen, wurde dementsprechend gesenkt.[258]
Auch Goebbels betonte, dass „besonderer Bedacht gerade auf die Entspannung und Unterhaltung gelegt werden [sollte], weil die weitgehend überwiegende Mehrzahl aller Rundfunkteilnehmer meistens vom Leben sehr hart angefaßt wird, in einem nerven- und kräftezehrenden Tageskampf steht und Anspruch darauf hat, in den wenigen Ruhe- und Mußestunden auch wirklich Entspannung und Erholung zu finden. Demgegenüber fallen die wenigen, die nur von Kant und Hegel ernährt werden wollen, kaum ins Gewicht".[259] Der Rundfunk sollte allerdings nicht vollkommen unpolitisch werden. Vielmehr sollte die Weltanschauung unterschwellig eingestreut werden: „Der Rundfunk, wie er heute ist, enthält sich nur scheinbar der Propaganda, er bringt sie indirekt".[260]
Die zunehmenden Spannungen in Europa verlangten 1938 jedoch eine erneute Anpassung des Programms. Nachrichten und Zeitfunk wurden mehr Sendezeit zur Verfügung gestellt, Vorträge allgemeinbildender Art weiter gekürzt.[261] Im Zuge der Sudetenkrise verbreiteten deutsche Sender lange vorbereitete Propaganda gegen die Tschechoslowakei. Dazu gehörten vor allem Berichte über die schlechte Behandlung von Sudetendeutschen durch die Tschechen. Nach dem Münchener Abkommen berichteten die PK von Jubelfeiern im Sudetenland und führten Live-Interviews mit den ‚Befreiten'. Gleichzeitig wurden massive Störmaßnahmen gegen die tschechischen Sender eingeleitet.[262] Der Einmarsch in die restlichen Teile der Tschechoslowakei im März 1939 wurde schließlich durch intensive Greuelpropaganda und Berichte von Provokationen der Tschechen und Moskaus vorbereitet und begleitet.[263]

Auch gegen die Sowjetunion richtete sich die Rundfunkpropaganda in diesen Tagen. Goebbels Anweisungen zu diesem Thema folgend schilderte der Rundfunk ständige Hungersnöte in Russland, die Ausbeutung der Bauern und Arbeiter durch jüdische Unterdrücker, die Zersetzung der Familie durch den Bolschewismus und die Vernichtung von Volkstum und Nationalitäten.[264] Mit Inkrafttreten des Hitler-Stalin-Pakts nahmen diese Anfeindungen jedoch ab-

---

[258] PATER 1998, S. 94f. 1933 lag der Wortanteil bei 42,6 Prozent, 1937 nur noch bei 30% Prozent, dazu: HAGEN 2005, S. 140.
[259] Rede zur Funkausstellung 1936 in: Mitteilungen der RRG, 28.8.1936, nach: POHLE 1955, S. 283.
[260] HADAMOVSKY: Der Rundfunk im Dienste, Leipzig 1934, S. 23.
[261] POHLE 1955, S. 283.
[262] SCHEEL 1970, S. 104-107.
[263] Ebd., S. 111.
[264] Ebd., S. 171f.

rupt ein Ende. Stattdessen wurde russische Volksmusik im Radio übertragen. Die angeblichen Greueltaten des ehemaligen ‚Volksfeindes' waren plötzlich kein Thema mehr.[265]
Diese Maßnahmen zeigen, dass der Rundfunk spätestens seit 1938 die Hörer auf den längst geplanten Krieg einzustimmen versuchte, bis er sich schließlich am Vorabend des Einmarsches in Polen selbst zum Kriegsinstrument erklärte:

> „Heute ist nun der Lautsprecher mit in die Front der aktiv kämpfenden Waffen der Völker eingerückt. Heute greift er, vom Führer meisterhaft eingesetzt, entscheidend in das Ringen um ein neues Europa mit ein. [...] Heute [...] brüllen die deutschen Rundfunksender und Lautsprecher auf wie die Batterien schwerster Langrohrgeschütze".[266]

3.2. NS-Rundfunk im Krieg

3.2.1. Siege an allen Fronten – Propaganda des unaufhaltsamen Vormarsches

Die größte Änderung für den Rundfunk stellte die Einführung des Einheitsprogramms im Juni 1940 dar.[267] Der Großteil der Sendungen wurde ab diesem Zeitpunkt zentral in Berlin produziert, der Nachrichtenanteil wurde ausgeweitet und feste Sendeplätze für den Wehrmachtsbericht und die Sendungen der PK auf Kosten anderer Wortsendungen eingerichtet.[268]
Ein typischer Rundfunktag begann um 5 Uhr mit dem Kameradendienst. Um 5.30 Uhr kamen die ersten Nachrichten, gefolgt von lebendiger Musik bis 8 Uhr, die beim Aufstehen helfen sollte, und Landfunk für die bereits aufgestandenen Bauern. Danach richtete sich der Rundfunk an die Hausfrau, um sie mit Anleitungen zu gymnastischen Übungen fit für den Tag zu machen. Bis 12.30 Uhr sollte ihr dann unterhaltsame Musik bei der Hausarbeit helfen, unterbrochen von Tips zum Kochen, zur Haushaltsführung und der Erziehung ihrer Kinder.[269] Die Mittagsnachrichten hatten aufgrund der Betriebspausen wieder ein größeres Publikum, ebenso wie die folgende Musik zur Entspannung, bis dann mit den 14-Uhr-Nachrichten das Ende der Mittagspause eingeläutet wurde. Bis 17 Uhr lief wieder Musik für eine Hörerschaft, die hauptsächlich aus Frauen, Kindern und Jugendlichen bestand. Die folgenden anderthalb Stunden sollten für den Mann mit Sendungen wie der *Plauderei* oder *Bunte Musik zum Feierabend* den selbigen einleiten. Der frühe Abend bis 20.15 Uhr enthielt die ersten längeren Wortsendungen zu aktuellen Themen, um dann zur besten Sendezeit überzugehen in einen

---
[265] Das änderte sich schlagartig wieder nach dem Einmarsch in Russland, dazu: DAHL 1978, S. 120.
[266] Nationalsozialistische Rundfunk-Korrespondenz, 30.8.1939, nach: DAHL 1978, S. 119.
[267] Eine unpopuläre Maßnahme. Daher wurde 1941 vorübergehen und dann ab März 1942 dauerhaft abends ein Alternativprogramm über den Deutschlandsender angeboten, dazu: DUSSEL 2004, S. 104.
[268] DILLER 1980, S. 373. Die Nachrichten wurden von fünf auf acht Sendungen pro Tag erhöht, dazu: HAGEN 2005, S. 140.

Wechsel von musikalischen Abendshows und Nachrichten. Unterhaltung und Entspannung hießen die Leitmotive für dieses Radioprogramm, das der Bevölkerung den Kriegsalltag erleichtern sollte.[270]

Der bereits in Friedenszeiten begonnene Rückgriff auf Musik zur Entspannung und psychologischen Stabilisierung wurde ausgeweitet und fand seine Entsprechung vor allem in der Art der gesendeten Musik: „Tanz- und Schlagermusik treten in den Vordergrund des Musikprogramms".[271] Die humoristischen Zwischenspiele in den bunten Abendsendungen wurden den Kriegsumständen angepasst: Da viele junge Männer mit ungewissem Schicksal an der Front standen, wurden die ehemals beliebten Themen Partnersuche und Zukunftsplanung ausgespart. Das Familienleben, ehemals Gegenstand spöttischer Kommentare zum Geschlechterkampf um die Vorherrschaft im Haushalt, wurde im Rundfunk harmonisiert und zum Ort des privaten Glücks stilisiert. Dem Krieg wurde eine „idealisierte familiäre Normalität entgegengesetzt".[272]

Kriegsberichterstattung

„Alle publizistischen Führungsmittel sind auf den deutschen Sieg ausgerichtet. Aber sie arbeiten für ihn allein mit den sauberen Mitteln der Wahrheit."[273]

In den ersten Monaten verlief der Krieg für Deutschland so gut, dass auf allzu übertriebene Erfolgsmeldungen tatsächlich verzichtet werden konnte. Blitzsiege über Polen und Frankreich waren allein schon in ihrer Faktizität eine so effektive Propaganda, dass der SD im Juni 1940 jubilierte, „daß die allgemeine Propagandalenkung gegenwärtig die ungeteilte Zustimmung des deutschen Volkes findet. [...] es besteht gegenwärtig ein absolutes Vertrauen zur gesamten Nachrichtenübermittlung".[274] Selbst auf Seiten der BBC musste man bestürzt zugeben: „Hitler's prediction's have come true while those of the Allies have not and this has greatly damaged the prestige of the British news."[275] Von Wahrheit kann jedoch keinesfalls die Rede sein, und Goebbels Erkenntnis in einem von ihm verfassten Leitartikel 1941, dass auf Dauer diejenige Kriegspropaganda die beste sei, „die ausschließlich der Wahrheit dient"[276], kann er kaum auf seine eigene Arbeit angewendet haben. Denn schon sehr früh bediente sich die deutsche

---

[269] Zum ‚Frauenfunk' vgl. MÜNKEL 1998, S. 106-111.
[270] Ebd., S. 104.
[271] DRECHSLER 1988, S. 42.
[272] PATER 1998, S. 217f.
[273] HEYDE: Presse, Rundfunk und Film im Dienste der Volksführung. Dresden 1943, S. 32.
[274] SD-Bericht vom 3.Juni 1940, in: Meldungen aus dem Reich, Bd. 4 S. 1206.
[275] Bericht des BBC *Overseas Intelligence Department* vom 8.7.1940, nach: BRIGGS 1970, S. 203.
[276] Goebbels in der Zeitschrift *Das Reich*, Nr. 21, 1941, nach: HEYDE 1943, S. 33.

Propaganda gerade im Kampf gegen England dreister Lügen. So wurde die Torpedierung des britischen Passagierschiffs *Athenia* am 3. September 1939 nicht nur lautstark dementiert und als Kriegshetze beschimpft, man erfand sogar eine ganze Verschwörungstheorie um die Selbstversenkung des Schiffes durch die Briten – angeblich zur Schmähung des Ansehens des Deutschen Reichs in der Welt.[277] Während also „die Feindpropaganda immer wieder an drastischen Beispielen ungeheuerlicher Lügen überführt" werden konnte, arbeitete „deutsche Auslandspropaganda [...] mit vollkommener Wahrhaftigkeit".[278] So auch bei der ‚Versenkung' des Flugzeugträgers *Ark Royal* durch einen deutschen Sturzkampfbomber. Der Pilot wurde im Rundfunk interviewt und als Held gefeiert. Seine Beförderung durch Hermann Göring wurde ebenfalls übertragen. Die versenkte *Ark Royal* allerdings wurde zwei Jahre später von einem deutschen U-Boot erneut versenkt, diesmal endgültig.[279]

Wie auch der Einmarsch in die Tschechoslowakei waren die Kriegszüge in Polen und Frankreich intensiv propagandistisch vorbereitet worden. Auf Goebbels' Befehl wurde bereits im Juni 1939 das Thema Polen durch Berichte über Übergriffe auf Deutsche, Grenzverletzungen – teilweise selbst inszeniert, wie die berüchtigte Episode um den Rundfunksender Gleiwitz drei Monate später – und die Kampagne ‚Danzig – Heim ins Reich' im Rundfunk aufgebaut. Dem Feind gezielt Greueltaten zu unterstellen, gehörte zur erklärten Strategie des OKW: „Die Verächtlichmachung des Gegners ist eine völkerrechtlich erlaubte Kriegslist, wenn dabei auch noch so sehr gelogen und gefälscht wird. [...] Abhilfe ist nur durch Richtigstellung oder besser noch Gegenangriff möglich, wobei natürlich ebenfalls von der Verbreitung von Greuellügen Gebrauch gemacht werden kann".[280]

Im Juli wurden die ‚Provokationen' durch Polen weiter in den Vordergrund gerückt, um dann schließlich im August 1939 zum bestimmenden Thema der Nachrichten zu werden.[281] Diese Hinführung zum Krieg mündete schließlich in die live und reichsweit übertragene Rede Hitlers vor dem Reichstag: „Polen hat heute nacht zum ersten Mal auf unserem eigenen Territorium auch mit bereits regulären Soldaten geschossen. Seit 5.45 Uhr [tatsächlich aber schon eine Stunde zuvor – Anm. des Verf.] wird jetzt zurückgeschossen. Und von jetzt ab wird Bombe mit Bombe vergolten!".[282]

---

[277] SCHEEL 1970, S. 123f.
[278] HEYDE 1943, S. 35.
[279] SCHEEL 1970, S. 124, vgl. auch BALFOUR 1979, S. 158f.
[280] Geheimerlass des OKW vom 1. Oktober 1938, nach: POHLE 1955, S. 356f.
[281] SCHEEL 1970, S. 113f.
[282] Als Hörquelle in Dominik Reinles Artikel „Hörfunk und Fernsehen in der Nazi Zeit" auf der Homepage des WDR. Internetadresse im Literaturverzeichnis.

Trotz der schnellen Erfolge war der Rundfunk sehr betriebsam, den keineswegs kriegsbegeisterten Deutschen den ‚Verteidigungskampf' schmackhaft zu machen.[283] Er pries die Errungenschaften der sechs Jahre unter nationalsozialistischer Herrschaft, die Aufrüstung, die Kriegsvorbereitungen und die psychologische Einstimmung des Volkes. Gleichzeitig wurden Anweisungen an die Bevölkerung zu Sparsamkeit mit Strom und Gas, zur Verdunklung und Sirenenwarnung verkündet und neue Verordnungen zu Steuern, Preisen und Löhnen, zur Einschränkung des Zugverkehrs sowie zu schnelleren Schulprüfungen und neu eingeführten Orden gesendet.[284] All dies sollte den Hörern zeigen, dass Deutschland und sein Rundfunk optimal auf den Krieg vorbereitet waren.

Während des Krieges gewann die Wehrmacht zunehmenden Einfluss auf die Programmgestaltung. Die Propagandaabteilung des OKW lieferte bereits ausformulierte Texte zu militärischen Meldungen an den DDD und von dort in die Nachrichtensendungen. Dazu kamen die Sondermeldungen der PK, der tägliche Wehrmachtsbericht[285] und regelmäßige Erläuterungen von Offizieren der verschiedenen Waffengattungen zum aktuellen Kriegsgeschehen. Auf all diese Sendungen hatten die Rundfunkleitung und das RMVP keinen Einfluss. Sie wurden in fertigem Zustand dem Rundfunk übergeben.[286]

Sondermeldungen wurden je nach Kriegsschauplatz durch verschiedene Erkennungsmelodien angekündigt; ein Konzept, das bereits bei Nachrichten zum Anschluss des Saarlandes mit dem Lied ‚Deutsch ist die Saar' Verwendung gefunden hatte. Meldungen zum Krieg in Polen wurden vom ‚Marsch der Deutschen auf Polen' eingeleitet, die ‚Wacht am Rhein' ließ auf die Westfront schließen. Nach den Meldungen zum Waffenstillstand mit Frankreich verriet das ‚Engellandlied', wie es weitergehen würde.[287] Für solche Sondermeldungen wurde das Programm oftmals abrupt von dem bombastischen Fanfarensignal eines 100-Personen-Blasorchesters und sich steigerndem Trommelwirbel unterbrochen, um die Hörer emotional auf die kommende Siegesmeldung einzustimmen.[288]

Auch die PK-Berichte wurden möglichst emotionalisierend und publikumsnah mit Gesprächen mit einfachen Soldaten und Stimmungsbildern vom Kriegsschauplatz gestaltet. Während der Westoffensive berichteten die Sendungen häufig von symbolträchtigen Orten und ließen

---

[283] Die Verwendung des Begriffs ‚Krieg' wurde von Goebbels untersagt, dazu: SCHEEL 1970, S. 117f.
[284] SCHEEL 1970, S. 116.
[285] Dieser wurde aus den Truppenteilen über die Abteilung Wehrmachtpropaganda an den Oberbefehlshaber der Wehrmacht und von diesem an Goebbels weitergeleitet, dazu: DILLER 1980, S. 336.
[286] DILLER 1980, S. 336ff.
[287] SCHEEL 1970, S. 119 und S. 146ff.

die Bevölkerung beispielsweise an der Erstürmung der Maginot-Linie, dem Kampf um Sedan oder der Einnahme von Verdun teilhaben.[289]

Neben diesen fertigen Sendungen gab es auch Kooperationen zwischen Rundfunk und Wehrmacht in der Gestaltung des Programms. So wurden Vortagsreihen, Frontberichte von zivilen Reportern, nächtliche Kameradschaftendienste und natürlich das große *Wunschkonzert für die Wehrmacht* organisiert.[290] Außerdem sollte das OKW Einfluss nehmen „a) in Richtung einer stimmungsmäßigen Beeinflussung des Volkes in seiner wehrhaften Haltung, b) durch Winke für die Betreuung der Truppe, c) durch Heranziehen von Musikkorps, Soldatenchören, der Ersatztruppenteile und der Rüstungsbetriebe".[291]

Das *Wunschkonzert für die Wehrmacht*

Da das *Wunschkonzert für die Wehrmacht* die Umsetzung aller Propagandastrategien der frühen Kriegsjahre in sich vereinigte, soll es im Folgenden exemplarisch vorgestellt werden.
Die Sendung lief anfangs, seit dem 1. Oktober 1939, mittwochs und sonntags von 16 bis 20 Uhr. Später wurde sie als Höhepunkt der Woche nur noch sonntags ausgestrahlt.[292] Das Konzept war relativ simpel: Soldaten von der Front wünschten sich Lieder, die dann in einer großen Abendshow von einem Orchester und nicht selten berühmten Musikern gespielt wurden. Zwischen den Liedern gab es humorvolle Einlagen, Berichte von den Einheiten, aus denen die Wünsche für die Sendung stammten, und Familiennachrichten für und von Frontsoldaten. Gleichzeitig wurden Spenden für die Wehrmacht und vor allem für die Angehörigen gefallener Soldaten gesammelt.
Die Intention hinter diesem Konzept war die Verbindung der Front mit der Heimat. Angeblich inspiriert durch die Briefe von Soldaten an ihre Familien sollte die Sendung auf der einen Seite den Soldaten die Treue der Heimatfront über Raum und Zeit hinweg spürbar machen und auf der anderen Seite in der Heimat durch die (vorgebliche) Möglichkeit der Mitgestaltung in Form von Spenden das Zusammengehörigkeitsgefühl stärken. Mit Hilfe der Konzerte wurde Volksgemeinschaft inszeniert; dem Radio lauschend vereinigten sich Soldaten, Arbeiter und

---

[288] Eine Schallplattenaufnahme. Nach der Veröffentlichung eines Photos von dieser Platte in einer Zeitschrift wurde dem zuständigen Redakteur KZ-Haft wegen ‚Desillusionierung nationaler Vorgänge' angedroht, dazu: SCHEEL 1970, S. 144f.
[289] SCHEEL 1970, S. 145f.
[290] DILLER 1980, S. 336.
[291] Denkschrift „Zusammenarbeit von Wehrmacht und Rundfunk im Kriege", 11.3.1940, zitiert nach: DILLER 1980 S. 336.
[292] RIEDEL: 60 Jahre Radio. Von der Rarität zum Massenmedium. Berlin 1987, S. 73.

Familien zu einer Hörergemeinschaft.[293] Pathetische Trostworte wurden vermischt mit Mitteilungen über Beförderungen und Auszeichnungen, begleitet von sentimentalen Schlagern und Militärmusik.[294]

> „Eine Mutter hat angerufen, eine von den vielen Müttern. Ihr Sohn ist gefallen. Seine Kameraden haben ihm die Erkennungsmarke abgenommen und alles, was ihm gehörte, seiner Mutter geschickt. Die Mutter hat uns angerufen. Sie sagte: »Ich habe hier das Notizbuch meines lieben Jungen. Auf der letzten Seite steht ein Lied, das er immer so gerne gesungen hat. Das Lied heißt ‚Gute Nacht, Mutter'. Kann ich das Lied noch einmal hören?«"[295]

Ansagen wie diese, vorgelesen mit unterdrückten Tränen in der Stimme, wurden kurz darauf gefolgt von der Verlesung von Spenden und Berichten von der Übergabe solcher Spenden an Mütter, die ihre Söhne im Krieg verloren hatten. Die Botschaft war eindeutig: Hier präsentierte sich das „Versprechen, daß die Volksfamilie keinen im Stich läßt, denn sie sorge für Gesellschaft und materielles Wohlergehen".[296] Ihre Söhne – so die Aussage – sollten nicht umsonst gefallen sein, sondern als Opfer für das ganze Volk. In ähnlicher Weise wurden auch Mitteilungen von Geburten verlesen und durch die öffentliche Verkündung im Rundfunk vom privaten zum gemeinschaftlichen Volksereignis umgedeutet.[297] Die Sendungen waren entsprechend emotional aufgeladen.

Anfangs wurde der Krieg in Polen in den Berichten der Soldaten als romantisches Abenteuer dargestellt:

> „Wir hatten uns einen Stollen gebaut, Tag für Tag Bäume gefällt und bald ein ganz gewöhnliches Gehäuse fabriziert mit Veranda, Lehmofen und anderem Komfort. Wir saßen auf unserer Stollenterrasse [...], einige schrieben und drückten sich näher an die flackernden Kerzen, andere droschen einen Skat auf die derbe Tischplatte und andere schnippelten Kartoffeln in die Bratpfanne. Der Abend war damals sehr mild. Durch die hohen Bäume schimmerte der Mond, gelb und gütig, als wolle er Märchen erzählen. Ab und zu wanderte das weiße Licht einer Taschenlampe durch den Wald: ein Posten, der zu seiner Stellung ging. Und unten im Tal rauschte die Quelle."[298]

Später wurden zwar auch Kämpfe geschildert, doch sorgte die Zensur dafür, dass in unterhaltsamen Anekdoten das Bild des Krieges als Abenteuer und die beteiligten Einheiten als Truppe verspielter Lausbuben, die mit ihren waghalsigen Aktionen dem Feind ein ums andere Mal ein Schnippchen schlugen, gezeichnet wurde.[299]

Auch wenn der Hörer dies womöglich nicht bemerkte, waren Zensur und Kontrolle des Wunschkonzerts ausgesprochen ausgeprägt. Die Wünsche und die familiären Mitteilungen

---

[293] PATER 1998, 225f.
[294] SCHEEL 1970, S. 143.
[295] Wunschkonzert-Ansage von Heinz Goedecke, als Audiodatei im Artikel „Hörfunk und Fernsehen in der Nazi-Zeit" auf der Homepage des WDR. Internetadresse im Literaturverzeichnis.
[296] PATER 1998, S. 236.
[297] Ebd., S. 236.
[298] Schilderung des Kriegs in Polen, in: GOEDECKE: Wir beginnen das Wunschkonzert für die Wehrmacht. Berlin, Leipzig 1941, S. 125. Zitiert nach: RIEDEL 1987, S. 73.
[299] PATER 1998 S. 238.

wurden sorgsam ausgewählt, wobei bei den Soldaten der bodenständige Typ aus dem ‚einfachen Volk' bevorzugt wurde.[300] Goebbels überwachte die Gestaltung persönlich und ließ sich rechtzeitig über die Planung der einzelnen Sendungen informieren. Ohne seine Zustimmung wurde kein Konzert gesendet.[301]

Fröhliche Unterhaltung, Emotionalisierung, Volksgemeinschaft durch den Rundfunk, all diese Strategien wurden im Wunschkonzert auf qualitativ hohem Niveau umgesetzt. Mit einer Hörerschaft von ca. 50 Prozent der Bevölkerung wurde es zur beliebtesten Sendung des deutschen Rundfunks.[302] Die Sendungen stellten einen echten Erfolg der nationalsozialistischen Kriegspropaganda dar. „Die Wunschkonzerte waren »kriegswichtig«, denn sie dienten mit der Präsentation heiterer Normalität der Stärkung des Durchhaltewillens".[303]

Am 25. Mai 1941 wurde das Format aus bisher noch unzureichend erforschten Gründen eingestellt.

Kriegswende

Nach den schnellen Siegen über Polen und Frankreich und weiteren Erfolgen auf dem Kontinent blieben spektakuläre Siege über den Hauptfeind England aus. Dazu wurde mit dem Unternehmen Barbarossa im Juni 1941 ein weiterer Kriegsschauplatz eröffnet, was die Propaganda vor die schwierige Aufgabe stellte, den Fortgang des Krieges auch nach zwei Jahren voller Siege zu rechtfertigen und die Bereitschaft der Bevölkerung zu weiteren Opfern zu stärken.

Wie die vorangegangenen Invasionen wurde auch der Einmarsch in Russland propagandistisch vorbereitet. Um den beabsichtigen Bruch des Hitler-Stalin-Pakts möglichst lange geheimzuhalten und die Konzentration deutscher Truppen an der russischen Grenze zu vertuschen, verbreitete der Rundfunk Nachrichten über einen geplanten Besuch Stalins in Berlin, der dem Abbau von Spannungen dienen sollte. Sogar vom Bau von Zuschauertribünen wurde berichtet. Gleichzeitig stellten militärische Kommentare die Unterlegenheit der sowjetischen Armeen heraus. Im Frühjahr 1941 begann dann die Rechtfertigung eines potentiellen Angriffs in Form anti-sowjetischer Propaganda.[304]

---

[300] Ebd. sowie DILLER 1980, S. 341f.
[301] DILLER 1980, S. 342. Goebbels war erfreut über die vom SD vermeldeten Erfolge der Sendung, zeigte sich aber häufig verärgert über Verzögerungen aufgrund der langsamen Wehrmachtszensur, S. 343.
[302] DRECHSLER, 1982, S. 113.
[303] PATER 1998, S. 239.
[304] Um eine Verbindung zum Feind im Westen herzustellen, sprach man vom Übel des ‚plutokratischen Bolschewismus' in der Sowjetunion, dazu: SCHEEL 1970, S. 174.

Als die Wehrmacht am 22. Juni die russische Grenze überschritt, war der entsprechende PK-Bericht ‚Es geht los!' bereits seit einer Woche sendefertig.[305] Es folgte der Zahlenrausch des Vormarsches: Zahlen von Gefangenen, erbeutete Ausrüstung, Aufzählungen eroberter Städte – Brest wurde gleich drei Mal erobert – und Geländegewinne.[306]
Trotz oder gerade wegen dieser vielen Siegesmeldungen wurde der Zweifel innerhalb der Hörerschaft jedoch immer größer. Im August vermerkte der SD-Bericht besorgt, „daß die Erfolgsberichte keine rechte Begeisterung aufkommen ließen. Stark sei nach wie vor die Frage nach unseren Verlusten. [...] Da trotz der ungeheuren Material- und Menschenverluste noch immer über erbitterten Widerstand der Bolschewisten berichtet werde, frage man sich, über welche Materialmengen die Sowjets noch verfügten".[307]
Die Anweisung, die PK-Berichte realistischer zu gestalten und die Schwierigkeiten auf dem Vormarsch und insbesondere den heftigen Widerstand der Russen hervorzuheben, konnte an dieser Situation nichts ändern.[308] Im September meldete der SD, „häufig genug seien die Volksgenossen nicht vom rücksichtslosen Willen zum Sieg [...] beseelt, sondern bedrückt vom Kriege überhaupt und von der Fülle der sich noch ergebenden Aufgaben".[309]
Goebbels reagierte, indem er dem Rundfunk befahl, für mehr Ablenkung und Unterhaltung zu sorgen. Im Bereich des Humors wurden größere Freiheiten gestattet; viele Verbote, die sich auf bestimmte Musiker und Komponisten bezogen, wurden aufgehoben. Außerdem berief Goebbels einen Programmausschuss unter der Leitung von Hans Hinkel ein, der Vorschläge für eine Umstrukturierung des Unterhaltungsprogramms erarbeiten sollte.[310] Erste Ergebnisse präsentierte Hinkel Mitte Oktober. „So wurde beschlossen, die Orchestermusik allgemein aufzulockern, bei Unterhaltungssendungen die Zwischenansagen so weit wie möglich wegzulassen und schärfere Kontraste zwischen sogenannten 'lyrischen' und 'stark rhythmischen' Musikstücken im Sonntag-Nachmittagsprogramm einzuführen".[311]
Die Musik sollte der jeweils aktuellen Lage angepasst und auf die Nachrichten abgestimmt werden. Dadurch sollte verhindert werden, dass das Abspielen lustiger Rheinlieder auf Meldungen über schwere Bombardierungen im Rheinland folgte, wie es bereits der Fall gewesen

---

[305] Ebd., S. 176.
[306] Ebd., S. 184.
[307] SD-Bericht vom 25.8.1941, in: Meldungen aus dem Reich, Bd. 8. S. 2686.
[308] SCHEEL 1970, S. 185.
[309] SD-Bericht vom 18.9.1941, in: Meldungen aus dem Reich, Bd. 8. S. 2773.
[310] Glasmeier war zu diesem Zeitpunkt im Urlaub, was es Goebbels erleichterte, seinen Generalintendanten zu übergehen, dazu: Walter KLINGLER: Nationalsozialistische Rundfunkpolitik 1942-1945. Organisation, Programm und die Hörer. Dissertation, Mannheim 1981, erschienen 1983, S. 63ff.
[311] Ebd., S. 65.

war.³¹² Unpassende, der Kriegssituation unangemessene Lieder wie Rudi Schurikes *Und wieder geht ein schöner Tag zu Ende* wurden verboten.³¹³

Das neu gegründete ‚Deutsche Tanz- und Unterhaltungsorchester' sollte für moderne Tanzmusik sorgen. Neue Ansager und abwechslungsreichere Abendsendungen sollten das Programm auffrischen und attraktiver machen.³¹⁴

Tatsächlich zeigten diese Maßnahmen Wirkung. Der SD-Bericht vermeldete bald, „daß das seit Beginn des Monats Oktober gebrachte neue Programm nahezu restlose Zustimmung fände. [...] Namentlich sei es die lebendige Gestaltung der Sendungen und die verstärkte Berücksichtigung des Humors, die großen Anklang fänden".³¹⁵

Trotzdem konnte das neue Unterhaltungsprogramm, das mit der Rückkehr Glasmeiers und einem längeren Urlaub Hinkels bald wieder in alte Bahnen gelenkt wurde, die Probleme des Russlandfeldzuges nicht überspielen. Zwar kündigte Hitler den letzten und entscheidenden Schlag gegen die Sowjetunion noch vor dem Winter an, während gleichzeitig die hohen Verluste und das verlangsamte Vorkommen beim Marsch auf Moskau verschwiegen wurden, doch fragten sich viele Hörer im Reich, wie viele Siege noch nötig sein würden.³¹⁶

Noch am 8. November, nachdem die Sowjetunion bereits mehrmals ‚endgültig' geschlagen worden war, erklärte Hitler im Rundfunk: „Noch niemals ist ein Riesenreich in kürzerer Zeit zerschlagen und zertrümmert worden als diesmal Sowjetrußland".³¹⁷ Zu diesem Zeitpunkt lagen die Verluste der Wehrmacht bereits bei fast einer Million Toten und Verwundeten. Kurz darauf hatte sich der Vormarsch im Schnee festgefahren, und die Russen begannen am 5. Dezember mit der Gegenoffensive.³¹⁸ Der Krieg hatte eine Wende genommen und der Rundfunk musste reagieren.

3.2.2. ‚Frontbegradigungen' – Unterhaltung zwischen Durchhalteparolen und Eskapismus

> „In einer solchen Situation hat der deutsche Rundfunk als seine vornehmste Aufgabe die zu sehen, eine Brücke zu schlagen zwischen Front und Heimat. Er hat dem Soldaten draußen Kunden zu geben von dem Leben und von der Arbeit daheim, er hat denen im Reich das Erleben der Front zu schildern, soweit dieses Erlebnis sich überhaupt schildern läßt".³¹⁹

---

³¹² DRECHSLER 1988, S. 139.
³¹³ Ebd., S. 142.
³¹⁴ DUSSEL 2004, S. 104f.
³¹⁵ SD-Bericht vom 30.10.1941, in: Meldungen aus dem Reich, Bd. 8, S. 2931.
³¹⁶ SCHEEL 1970, S. 188f.
³¹⁷ Ebd., S. 192.
³¹⁸ SCHEEL 1970, S. 193.
³¹⁹ Fritzsche im ‚Wort an die Hörer' am 7.11.1942, kurz nach seinem Amtsantritt als allein verantwortlicher Leiter des politischen Rundfunkprogramms. Zitiert nach: DILLER 1980, S. 369.

Während das Unterhaltungsprogramm trotz des sich wandelnden Kriegsglücks fortfuhr, mit überbetonter Heiterkeit und nicht selten als unpassend empfundenen Liedern wie Zarah Leanders ‚Davon geht die Welt nicht unter' oder ‚So sind wir, wir pfeifen auf die Sorgen', den Krieg einfach auszublenden und zu ignorieren[320], wurde Hans Fritzsche mit der Aufgabe betraut, das politische Programm den Umständen entsprechend anzupassen und die Glaubwürdigkeit des Rundfunks wiederherzustellen.[321]

Den Nachrichten wurde oberste Priorität eingeräumt. Sie sollten keiner zeitlichen Beschränkung unterliegen, sondern in Abhängigkeit vom Nachrichtenmaterial gestaltet werden, nach dem Motto: Die Meldung dauert so lange, wie sie eben dauert.[322]

Da die Rundfunkzeitungen aufgrund der zunehmenden Papierknappheit eingestellt werden mussten, wurden die Sendezeiten noch stärker im Tagesprogramm fixiert. Die Kernzeit der politischen Propaganda bildete ein Block von knapp zwei Stunden zwischen 18.30 Uhr und 20.20 Uhr. Im *Zeitspiegel* ab 18.30 Uhr informierte der Rundfunk über Aktuelles aus dem Reich. Nach dem *Frontbericht* folgten um 19.15 Uhr Vorträge bzw. Kommentare zu militärischen und politischen Themen von den Vertretern der drei Waffengattungen Generalleutnant Dittmar (Heer), Konteradmiral Lützow (Marine) und General der Flieger Quade (Luftwaffe), aufgelockert durch Musik und abgeschlossen mit den Nachrichten um 20 Uhr. Freitags um 19.45 Uhr – zur besten Sendezeit – verlas Goebbels seinen wöchentlichen Leitartikel für die Zeitschrift *Das Reich*, und am Dienstag, Donnerstag und Samstag zur gleichen Zeit lief *Fritzsches Politische Zeitungs- und Rundfunkschau*.[323] Immer sonntags folgte auf die Nachrichten eine Zusammenstellung aus den wichtigsten PK-Berichten der Woche.[324]

Anfang 1943 war das Bedürfnis nach einer umfangreicheren Berichterstattung zum Kriegsverlauf so laut geworden, dass der Anteil der Wortprogramme wieder gesteigert wurde. Längere Konzerte und Musiksendungen wurden regelmäßig durch Sondermeldungen oder Fliegerwarnungen unterbrochen. Das Radio wurde dadurch zum omnipräsenten Alltagshintergrund.[325]

Trotzdem wurde der Rundfunk weiterhin durch Unterhaltung, insbesondere in Form von Musik bestimmt. 1943 bestand das Gesamtprogramm fast zu 90 Prozent aus Musik; der Großteil davon Volkslieder, Operetten und Filmmusik.[326] Klassisches wurde immer seltener, und

---

[320] SD-Bericht vom 22.1.1942, in Meldungen aus dem Reich, Bd.9, S. 3199.
[321] SCHEEL 1970, S. 197.
[322] Vgl. Fritzsches Rundfunkrede in: *Reichsrundfunk* vom 15.11.1942, nach: WULF 1983, S. 392.
[323] DUSSEL 2004, S 116. An den anderen Tagen wurden Vorträge zu militärischen und politischen Themen gesendet, dazu: DILLER 1980, S. 370.
[324] DILLER 1980, S. 338f.
[325] SCHMIDT 1998, S. 350f.
[326] DRECHSLER 1988, S. 44 sowie S. 143.

wenn, dann wurde es lediglich im Deutschlandsender als Alternative zum seichteren Reichsprogramm angeboten. Zumeist sendeten jedoch beide Programme Unterhaltungsmusik.[327]

Stalingrad

Schon mit dem Scheitern der Einnahme Moskaus hatte die Glaubwürdigkeit des Rundfunks stark gelitten. Die Stimmung im Reich verschlechterte sich immer weiter, je länger der Krieg in Russland dauerte. Meldungen über Blitzsiege und das schnelle Ende des Krieges waren längst abgelöst worden durch Appelle an die Opferbereitschaft und die Beschwörung des ‚existentiellen Entscheidungskampfes' des deutschen Volkes.[328] Dass die 6. Armee in Stalingrad eingekesselt war, wurde erst nach knapp zwei Monaten am 16. Januar in Berichten vom „heldenmütigen Abwehrkampf"[329] bekanntgegeben. Schließlich bekam Göring den Auftrag, die Lage an der Ostfront zu erläutern. In einer reichsweit übertragenen Rede im Ehrensaal des Reichsluftfahrtministeriums am 30. Januar 1943 verkündete er den Einsatz der letzten sowjetischen Reserven aus Greisen und Kindern gegen die Helden der 6. Armee und stellte mit großem Pathos unter Anspielung auf die Schlacht bei Thermopylai letztlich den Untergang der Armee in Aussicht: „Und es wird einmal in der Geschichte unserer Tage heißen: Kommst Du nach Deutschland, so berichte, du habest uns in Stalingrad kämpfen gesehen, wie das Gesetz für die Sicherheit unseres Volkes es befohlen hat".[330] Am 3. Februar folgte dann die Meldung von der Kapitulation: „Der Kampf um Stalingrad ist zu Ende".[331]

Die Bekanntgabe der Niederlage bei Stalingrad verlangte eine Anpassung an die Situation: für einen Monat wurde ein Trauerprogramm mit ernsterer Musik gesendet, welches aber bereits Ende Februar wieder aufgelockert wurde.[332] Nach einer Ausweitung der Sendezeiten umfasste das Gesamtprogramm des deutschen Rundfunks nun 190 Stunden pro Woche. 130 Stunden davon waren reine Unterhaltung, 40 Stunden fielen auf die Nachrichten und andere Wortsendungen.[333]

Während im *Zeitspiegel* weiterhin totale Mobilisierung und Volksgemeinschaft mit Beiträgen wie ‚Die Alten helfen mit!', ‚Eisen und Stahl – her damit!' und ‚Räder müssen rollen für den

---

[327] DUSSEL 2004, S. 114.
[328] SCHEEL 1970, S. 201f.
[329] Abschnitt „‚...wird mit dem Tod bestraft" im Kapitel zur NS-Zeit in der Dokumentation „75 Jahre Radio in Deutschland" auf der Homepage des Deutschen Rundfunkarchivs. Internetadresse im Literaturverzeichnis.
[330] Göring im Rundfunk am 30.1.1942, zitiert nach: SCHEEL 1970, S. 2004.
[331] Die vollständige Meldung als Audiodatei im Abschnitt „‚...wird mit dem Tod bestraft" im Kapitel zur NS-Zeit in der Dokumentation „75 Jahre Radio in Deutschland" auf der Homepage des Deutschen Rundfunkarchivs. Internetadresse im Literaturverzeichnis.
[332] MÜNKEL 1998, S. 104.
[333] Ebd., S. 104f.

Sieg' beschworen wurden[334], wurde das Unterhaltungsprogramm mit seinen sentimentalen Schlagern und Sendungen voller Glück und Heiterkeit immer mehr zum staatlich gelenkten Eskapismusinstrument.[335]

Die politischen Sendungen überschlugen sich mit Appellen zur Leistungssteigerung und volksgemeinschaftlichen Anstrengung für die letzte große Entscheidungsschlacht und stellten Utopien über die Zeit nach dem Endsieg als Belohnung in Aussicht.[336]

Doch nach der Niederlage bei Stalingrad, der Kapitulation des Afrikakorps' und den andauernden als ‚planmäßiges Absetzen' und ‚Frontbegradigung' schöngeredeten Rückzügen im Osten war die Stimmung im Reich nicht mehr zu retten.[337] Im Sommer 1943 wurden die Berichte des SD zur Wirkung der ‚Führungsmittel' eingestellt; sie waren zu negativ und in Goebbels' Augen zum ‚Sprachrohr des Defätismus' geworden.[338] In den Nachrichten wurden die ‚uneinnehmbaren Festungen' immer kleiner. Auf die ‚Festung Europa' – bekanntlich ohne Dach – folgten die Festungen Breslau und Graudenz, der ‚Wellenbrecher Ostpreußen' und schließlich die Festung Berlin.[339]

Auch litt der Rundfunk immer stärker unter den direkten Auswirkungen des Krieges. Neben der Abberufung von Personal griff die Wehrmacht verstärkt in die Sendezeiten ein, befahl die Umstellung auf andere Sendeanlagen und Frequenzen als Schutzmaßnahme gegen nächtliche Luftangriffe und ordnete im Extremfall sogar totale Sendepausen an, um die Anpeilung der Sender durch feindliche Bomber zu verhindern.[340] Im Winter 1944/45 waren die Einschränkungen durch Bombardierungen, Rohstoff- und Arbeitskräftemangel, Stromsperren und den Mangel an Ausrüstung kaum noch zu handhaben. Fritzsches Rundfunkkonferenzen beschäftigen sich nur noch damit, den Betrieb irgendwie in Gang zu halten.[341]

Der Rundfunk des Untergangs beschränkte sich auf hysterische Panikmache gegenüber der Roten Armee und den Konsequenzen einer Niederlage. Berichte über die Grausamkeiten der Sowjets bei ihrem Vormarsch wurden verbunden mit dem Aufruf an die Wehrmacht, von nun an keine Gefangene mehr zu machen. Nachrichten wurden nur noch sporadisch gesendet,

---

[334] SCHEEL 1970, S. 198.
[335] DRECHSLER 1988, S. 45 sowie SCHEEL 1970 S. 196.
[336] SCHEEL 1970, S. 201.
[337] SCHEEL 1970, S. 222.
[338] DUSSEL 2004, S. 101.
[339] SCHEEL 1970, S. 336.
[340] DILLER 1980, S. 373. Auf Befehl Görings waren bereits während der Schlacht um England sämtliche Mittel- und Langwellensender zwischen 23 und 3 Uhr, später sogar ab 22.15 Uhr, abgeschaltet worden. Schon im Juli 1942 war Hitler so sehr über die vielen Ausfälle verärgert, dass er Goebbels' Versagen bei der Einführung des sichereren und leichter zu kontrollierenden Drahtfunks vorwarf, dazu: DILLER 1980, S. 376ff und S. 383.
[341] SCHEEL 1970, S. 236f.

während die völlig von der Realität entrückte Unterhaltungsmusik unbekümmert weiterspielte.[342]

Der Bezug zu den Tatsachen war völlig verlorengegangen. Noch im April 1945 vermeldeten die letzten Sender hohe Feindverluste, aufgehaltene Vorstöße und erfolgreiche Gegenangriffe. Und nach der Kapitulation sprach Alfred Jodl am 12. Mai 1945 über den Sender Flensburg bereits wieder über die besondere Bedeutung Deutschlands in einem strategischen Bündnis mit den Westmächten gegen die Sowjetunion.[343] So endete der Krieg für den deutschen Rundfunk wie er begonnen hatte: mit einer Lüge.

3.3. Glaubwürdigkeit als wichtigster Wirkungsfaktor – Die Maximen des Deutschen Dienstes der BBC

3.3.1. Aufklären, Relativieren, Umdeuten – Die Erzeugung einer alternativen Wirklichkeit für den Hörer in den Sendungen bis zur Kriegswende 1942

In den ersten Monaten des Kriegs machten es die uneingeschränkten Erfolge der Wehrmacht der BBC kaum möglich, sich in Deutschland eine große Hörerschaft aufzubauen. Über den Krieg auf dem Festland gab es nicht viel mehr zu senden als die Bestätigung deutscher Siege. Daher konzentrierte sich der Deutsche Dienst vor allem auf den Seekrieg, berichtete ausführlich über die Selbstversenkung der ‚Graf Spree' und über die Befreiung gefangener britischer Seeleute von der ‚Altmark', die von britischen Schiffen im Februar 1940 in norwegischen Gewässern aufgebracht wurde.[344]

Mit der Evakuierung des Expeditionskorps' aus Dünkirchen und der kurz darauf folgenden, als Waffenstillstand betitelten Niederlage Frankreichs war eine glaubwürdige Beschönigung der Situation unmöglich geworden. Das Negativbeispiel der erfolglosen französischen Propaganda vor Augen entschied die BBC, in dieser Phase des bangen Erwartens einer deutschen Invasion auf Glaubwürdigkeit zu setzen und die eigenen Niederlagen einzugestehen.[345] Der Grundsatz lautete: „No permanent propaganda policy can in the modern world be based upon untruthfulness".[346]

Wahrhaftigkeit jedoch stellte sich schon bald als ein Anspruch heraus, dessen Einlösung kaum möglich war. Im Sommer 1940 begann der *Battle of Britain* – eine Prägung Churchills – und

---

[342] Ebd, S. 218-221.
[343] SCHEEL 1970, S. 243-246.
[344] WITTEK 1962, S. 80.
[345] BRIGGS 1970, S. 9.
[346] BBC Handbook 1941, zitiert nach: BRIGGS 1970, S. 10.

mit ihm eine Propagandaschlacht um abgeschossene Flugzeuge. Am 18 August vermeldete der britische Rundfunk 152 Abschüsse. Tatsächlich waren es nur 71. Dies war allerdings ein Extremfall. Insgesamt verschönerte die BBC vom 10. Juli bis zum 31. Oktober 1940 das Verhältnis von verlorenen zu abgeschossenen Fliegern zu britischen Gunsten um 55 Prozent. Damit fällt es zwar schwer, von ‚Wahrheit' zu sprechen, doch können diese Übertreibungen schnell mit dem Verweis auf die deutsche Propaganda relativiert werden, die sich mit einer Fälschung der Statistiken um 234 Prozent zu ihren Gunsten vollkommen vom Boden der Tatsachen entfernt hatte.[347]

Die Ereignislosigkeit des Winters 1940/41 bot erstmals eine Chance zu offensiver Propaganda. Hitler hatte einen schnellen Sieg über England versprochen und dieses Versprechen in der Neujahrsansprache noch einmal wiederholt. Als der Sieg und auch die Invasion ausblieben, wurde der Deutsche Dienst nicht müde, seine Hörer immer wieder auf diese Tatsachen hinzuweisen. Jede Sendung wurde mit der Erwähnung von Hitlers Versprechen eingeleitet oder beendet. So zum Beispiel am 27. April 1941: „Heute ist der 117. Tag des Jahres, für das Hitler ihnen den Endsieg versprochen hat; deutsche Truppen stoßen in Griechenland vor. Und der Krieg geht weiter".[348] Deutsche Siege wurden weiterhin gemeldet, doch als Ersatzsiege auf Nebenkriegsschauplätzen abgewertet. Dazu lieferte die BBC die Informationen, die im deutschen Rundfunk verheimlicht wurden, nämlich der Preis, den die Wehrmacht beim Vorrücken zu zahlen hatte. Auf diese Weise, so die Aussage, siege sich Deutschland letztlich zu Tode.[349] Bei Berichten über britische Luftangriffe lieferte der englische Sender Opferzahlen, die weit über die öffentlichen Verlautbarungen der deutschen Propaganda hinausgingen, und wies auf die Zerstörung von unschätzbaren Bau- und Kulturdenkmälern hin.

Diese Sendungen über die Heimatfront waren nicht selten speziell auf ein weibliches Publikum zugeschnitten[350], beispielsweise indem die demographischen Probleme der Zukunft herausgestellt wurden: „Zum zweitenmal innerhalb von 25 Jahren wird eine ganze Generation von Männern im heiratsfähigen Alter im Kriege hingeschlachtet. Millionen Frauen werden im nächsten Jahrzehnt unverheiratet bleiben müssen, weil Millionen deutscher Männer auf dem Schlachtfeld geopfert wurden".[351] Dazu kamen die bereits spürbaren Auswirkungen des Krieges für die Frauen: die Güterknappheit als Folge der britischen Seeblockade, die Zusatzbelas-

---

[347] Auch hier sticht der 18. August mit behaupteten 147 bei tatsächlich 27 Abschüssen hervor. Zu den Statistiken: BRIGGS 1970, S. 261f. WOOD: History of International Broadcasting. London ²1994, S. 55, bezeichnet die Übertreibungen BBC als gezielten Versuch, die Moral der Bevölkerung zu stärken.
[348] Zitiert nach: WITTEK 1962, S. 81.
[349] Ebd., S. 83.
[350] Selbst die Nachrichten waren zum Teil auf einzelne Gruppen wie Frauen, Arbeiter oder Seeleute zugeschnitten, dazu: BALFOUR 1979, S. 95.
[351] Sendung des Deutschen Dienstes der BBC vom 21. Mai 1941, zitiert nach: WITTEK 1962, S. 83.

tung der Industrie durch die Erzeugung von Ersatzstoffen und der damit verbundene Einsatz von Frauen, um Männer für die Front freizumachen. Als Lockmittel, um vor allem deutsche Frauen zum Einschalten zu bewegen, wurden in das Programm des Deutschen Dienstes besonders zu ungünstigen Sendezeiten immer wieder Meldungen über Kriegsgefangene eingestreut.[352] Da die Benachrichtigung von Angehörigen durch das Rote Kreuz über die Gefangennahme eines Familienmitglieds etwa fünf bis sechs Wochen benötigte, die BBC ihre Hörer aber möglichst lange an ihr Programm binden wollte, wurde bis vier Wochen nach der Gefangennahme gewartet, bis die Namen Gefangener verlesen wurden.[353]

Eine ähnliche Lockwirkung wurde auch der in Deutschland verbotenen Tanzmusik zugesprochen. Jeden Tag spielte der Deutsche Dienst ab 14 Uhr für eine Viertelstunde Jazz und Swing *Aus der Freien Welt*, unterbrochen von kurzen Meldungen und Kommentaren.[354] Auch wurden immer mal wieder deutsche Lieder mit politischen Texten in das Programm eingestreut, beispielsweise das ‚Nachtwächterlied' in der Silvesternacht 1942:

> „Hört ihr Mütter, lasst euch sagen. Hört eure toten Söhne klagen. Zwölf schlägt die Glock'. Umsonst war Hunger Tod und Seuch', vergehen wird das Dritte Reich. Zwölf schlägt die Glock'. Hört ihr Männer, lasst euch sagen. Lasst eure Kinder nicht einst fragen. Zwölf schlägt die Glock'. Konntet ihr selbst euch nicht befrei'n? Wie soll's mit Deutschlands Ehre sein? Zwölf schlägt die Glock'. [...]".[355]

Allerdings wurden diese Musikprogramme nach 1942 stark eingeschränkt, als man erkannte, dass die intensiven Störversuche der Nationalsozialisten vor allem das Verstehen von Musik und Geräuschen beeinträchtigten.[356]

Zweimal pro Woche sendete der Deutsche Dienst außerdem *talks* mit Themen, die vor allem Arbeiter betrafen, und einmal in der Woche Bauernfunk. Dazu gab es wöchentlich Informationen für die Marine sowie Regionalsendungen beispielsweise für Österreich, Berlin oder das Rheinland.[357]

Eine kuriose Besonderheit des Deutschen Dienstes war das Senden von Montageanleitungen für den Umbau von Radiogeräten. Da der BBC bekannt war, dass viele deutsche Radios keinen Kurzwellenempfang ermöglichten, Kurzwellen für die Überbrückung großer Entfernungen aber zuverlässiger und außerdem schwerer zu stören waren, nahm der Deutsche Dienst detaillierte Beschreibungen in sein Programm auf, wie man aus leicht zugänglichen Materia-

---

[352] Nach der Versenkung der Bismarck wurden täglich die Namen von 15 Überlebenden verlesen, dazu: ROLO 1943, S. 129f.
[353] BALFOUR 1979, S. 95.
[354] BRIGGS 1970, S. 391f.
[355] Das Lied endete mit dem Geläut des *Big Ben*. Als Audiodatei auf: DRA 1998, Track 11.
[356] Daher wurde fortan in den Features auf eine Geräuschkulisse verzichtet WITTEK 1962, S. 127.
[357] ROLO 1943, S. 129.

lien wie Draht und einer Papprolle sein Radio auf Kurzwellenempfang umrüsten konnte. Die Anleitungen wurden langsam zum Mitschreiben verlesen, jeder Satz wurde wiederholt.[358]

Nachrichten

Mit fast 90 Prozent des Gesamtprogramms waren die Nachrichten und die daran angeschlossenen *Sonderberichte* der wichtigste Bestandteil des Deutschen Dienstes.[359] Der nach außen getragene Anspruch der Nachrichten war es, den deutschen Hörern eine sachliche Abbildung der Wirklichkeit zu präsentieren.[360] In einer Vorlesung am *NATO Defence College* im Jahr 1959 sagte der Leiter des Deutschen Dienstes, Hugh C. Greene, das Grundprinzip der Nachrichten sei es gewesen,

> „to tell the truth within the limits of the information at our disposal and to tell it consistently and frankly. This involved the determination never to downplay a disaster [...]. Then our audience in the German forces, having heard us talking openly about our defeats, would believe us when we talked about our victories, and the will to resist would, one hoped, be effectively undermined".[361]

Eine überaus propagandistische Aussage, entschied man doch, die Nachrichten so zu gestalten, dass sie dem angenommenen Geschmack der Hörer entsprachen. Nach der Überzeugung des Direktors der *European Services* musste ein Ziel der Nachrichtenabteilung sein „to make each separate service sensitive to the special needs and circumstances of the different audiences to which it is addressed".[362] Da man den Deutschen ein durch die NS-Propaganda erzeugtes Desinteresse am Weltgeschehen unterstellte, wurden die Meldungen beschränkt auf Ereignisse, die im Zusammenhang mit Deutschland standen. Zudem wollte der Deutsche Dienst durch die Abgrenzung vom Pathos der NS-Propaganda den eigenen Glaubwürdigkeitsanspruch weiter unterstreichen.[363] Außerdem arbeiteten die *news* mit Audiozitaten, eine völlig neuartige Methode und ein auffälliger Unterschied zu den deutschen Nachrichten.[364] Anders als in den *Features* wurden in den Nachrichten jedoch lediglich kurze Zitate gesendet, die benutzt wurden, um sich gegen den Vorwurf der Unterstellung zu wehren. Die Originalaufnahmen dienten also als Beleg für die Glaubwürdigkeit der *news*.[365] Nur zu besonderen Er-

---

[358] WITTEK, 1962, S. 38f. Ein Beispiel für eine solche Anleitung auf S. 202, Anm. 19.
[359] Ebd., S. 84.
[360] BRINITZER 1969, S. 142 spricht von „nahezu immer erreichte[r] höchstmögliche[r] Objektivität".
[361] Hugh C. GREENE: The Third Floor Front. London 1969, S. 21ff, zitiert nach HALE 1975, S. 52.
[362] J.S.A. Salt im BBC Handbook 1941, S. 40, zitiert nach BRIGGS 1970, S. 238.
[363] WITTEK 1962, S. 116.
[364] BRIGGS 1970. S. 44.
[365] WITTEK 1962, S. 128ff. Als Fritzsche am 30.12.1942 von starkem Widerstand der Russen sprach, belegte die BBC ihren Hinweis, dass bereits mehrfach die Niederlage der Sowjetunion durch die NS-Propaganda verkündet worden war mit der Aufzeichnung einer Rede Hitlers vom 3.10.1941: „Ich spreche das erst heute aus, weil ich es

eignissen wurden längere Zitate in die Nachrichten aufgenommen. Beispielsweise 1942 zum Geburtstag des großen Widersachers:

> „Aus Anlaß des heutigen Geburtstags von Goebbels bringen, wie das DNB meldet, alle Berliner Zeitungen Bilder von Goebbels und Artikel, in denen sie auf seine hervorragenden Verdienste auf dem Gebiet der Propaganda gegen den feindlichen Lügenfeldzug hinweisen. Hier sind drei Beispiele dafür: Im September 1940 sagte Goebbels [Audiozitat]: ‚England, die Stunde des Gerichts kommt. Der Führer bestimmt die entscheidende Stunde.' Am 26. Oktober 1940 sagte Goebbels in Wien [Audiozitat]: ‚England hat nur die Wahl, zugrunde zu gehen oder zu kapitulieren!' Am 18. Oktober 1941 schrieb Goebbels im Völkischen Beobachter: ‚Der Krieg im Osten muß als entschieden betrachtet werden!'".[366]

Um die Glaubwürdigkeit der Nachrichten nicht zu gefährden, verzichtete die BBC auf bewusste Falschmeldungen oder die Leugnung der militärischen Möglichkeiten der Wehrmacht[367] und griff auf andere Strategien zurück, die Wirklichkeit zu britischen Gunsten zu verzerren. Das Verschwinden britischer Siege inmitten der vielen Niederlagen der Alliierten zu Beginn des Krieges wurde verhindert, indem Erfolgsmeldungen von verschiedenen Kriegsschauplätzen gesammelt und in einem Block zusammengefasst wurden. Durch die Bündelung kleinerer Siege wurde ihre Bedeutung übertrieben und der Eindruck einer generell erfolgreicheren Kriegführung vermittelt:

> „Diese Woche begann für Mussolini mit einem ‚schwarzen Montag'.[...] Britische Marineflugzeuge schlugen in Tarent drei von sechs Schlachtschiffen, die Italien besitzt, bewegungsunfähig und beschädigten zwei Kreuzer und zwei Hilfsfahrzeuge. – In der Meerenge von Otranto wurde ein italienisches Handelsschiff versenkt, ein Zerstörer wurde beschädigt. – In Griechenland wurde die dritte Alpini Division von griechischen Truppen in die Flucht geschlagen. – Bei Angriffen auf England wurden 13 italienische Flugzeuge abgeschossen, ohne daß ein einziges britisches Flugzeug verlorenging. – Bei einem erfolglosen Angriff auf Malta wurde ein italienisches Flugzeug abgeschossen [...]. – Im albanischen Hafen Durazzo zerstörten Bomber der RAF ein Brennstofflager".[368]

Trotz dieser Besonderheiten in der Anordnung der Meldungen achtete die BBC jedoch anders als der deutsche Rundfunk auf Einheitlichkeit unter allen ihren Nachrichtensendungen. *Home News* und *Foreign News* durften sich nicht widersprechen.[369]

Im Zentrum der übrigen Sendungen, bestehend aus Kommentaren und *Features*, stand die Kritik an der nationalsozialistischen Ideologie und den daraus folgenden Auswirkungen auf die Sozialstruktur, Politik und die Propaganda Deutschlands. Dabei versuchte die BBC, an die Erfahrungen der Hörer anzuknüpfen, indem sie Gerüchte und virulente Themen aufgriff.[370]

---

heute aussprechen darf, daß dieser Gegner bereits gebrochen ist und nie sich mehr erheben wird". Zitiert nach: WITTEK 1962, S. 130.
[366] Nachrichten des Deutschen Dienstes der BBC am 29.10.1941, zitiert nach: WITTEK 1962, S. 130.
[367] BALFOUR 1979, S. 87.
[368] Nachrichten des Deutschen Dienstes der BBC am 13.11.1940, zitiert nach: WITTEK 1962, S. 132.
[369] Ein Grundsatz, den die BBC auch gegen Kritik von Seiten der Politik verteidigte, dazu: BRIGGS 1970, S. 163 sowie S. 149.
[370] WITTEK 1962, S. 84f.

Kommentare (*news talks*)

Ähnlich wie in einem Zeitungskommentar äußerte in den *news talks* ein prominenter Sprecher (*personality speaker*) seine stark persönlich gefärbte Meinung zu einem Thema. Die Kommentatoren waren allesamt Briten[371] mit entsprechendem Akzent, mit Ausnahme Sefton Delmers, der in Deutschland aufgewachsen war und daher akzentfrei sprach. Dies war auch so beabsichtigt. Deutsche durften weder Kommentare verfassen noch vortragen. Sie waren auf inoffizielle Formen der Einflussnahme beschränkt.[372] Die BBC befürchtete Ressentiments unter der Hörerschaft gegenüber ‚Verrätern' und emigrierten Juden. Außerdem meinte man, Briten könnten den britischen Standpunkt entschlossener und glaubwürdiger vertreten.[373]
Allerdings vertraten die Kommentatoren keinesfalls alle den gleichen Standpunkt. Im Gegenteil, die BBC legte wert auf ausgeprägte Individualität, die Betonung der eigenen Meinung und konstruierte sogar künstliche Meinungsverschiedenheiten[374], um sich von der Gleichschaltung der NS-Publizistik abzugrenzen und ihr das Bild einer pluralistischen und doch entschlossenen Gesellschaft gegenüberzustellen.[375] Außerdem waren unter den Kommentatoren die verschiedensten parteipolitischen Einstellungen vertreten. Patrick Gordon Walker, Mitglied der *Labour*-Partei, und Richard Crossman[376] waren dem linken politischen Spektrum zuzuordnen. Hugh C. Greene hingegen war Journalist beim konservativen *Daily Telegraph*.[377] Während im deutschen Rundfunk durch die Verwendung der Pronomen ‚man' und ‚wir' der Eindruck von Allgemeingültigkeit angestrebt wurde, waren die britischen Kommentatoren dazu angehalten, das Ich zu betonen und den Hörer direkt anzusprechen. Sie sollten sich als Persönlichkeiten präsentieren, mit deren individuellen Meinungen man sich identifizieren oder auseinandersetzen konnte.[378] Auch Kritik an der eigenen Kriegführung wurde propagandistisch verwertet. So monierte Lindley Fraser in seinem Kommentar *Das Recht zu kritisieren*

---

[371] Mit Ausnahme Thomas Manns, dem man als international geachtetem Dichter ermöglichte, sich aus den USA an *Deutsche Hörer!* zu wenden.
[372] PÜTTER 1986, S. 85.
[373] WITTEK 1962, S. 142, vgl. auch HALE 1975, S. 52.
[374] Bis hin zu Scheindiskussionen, in denen alle vertretenen Meinungen bis zum Zwischenruf von den Autoren vorgeschrieben wurden, dazu: WITTEK 1962, S. 156. Vgl. auch: BRIGGS 1970, S. 46.
[375] HALE 1965 S. XV nimmt dies zum Anlass, um von unbewusster Propaganda durch das Ausleben der vertretenen Werte von Pluralismus, Freiheit und Objektivität zu sprechen. In Anbetracht der gezielten Betonung dieser Eigenschaften muss die These von der unbewussten und somit quasi unschuldigen Propaganda der BBC jedoch als unhaltbar bezeichnet werden.
[376] Crossman sprach seit März 1940 jeden Morgen zu deutschen Arbeitern, dazu: BRIGGS 1970, S. 165
[377] WITTEK 1962, S. 143.
[378] Ebd., S. 144ff. Das gleiche Konzept verfolgte auch das Feature *Was wollen sie wissen?*, in dem die prominentesten Kommentatoren über erfundene Hörerfragen diskutierten. Ein Beispiel für eine solche Sendung aus dem Jahr 1942 auf: DRA 1998, Track 8.

im Januar 1942 nach japanischen Siegen im Pazifik: „Viele von uns in Großbritannien sind nicht zufrieden mit der Ausführung unserer Strategie in Fernost".[379]

Eines der Leitmotive der Kommentare war die Verdeutlichung der uneingeschränkten Siegesgewissheit Großbritanniens – musikalisch symbolisiert durch den Morsecode für ‚V' wie *victory,* das Erkennungs- und Einleitungssignal des Deutschen Dienstes.[380] Dazu wurde ausführlich über die militärische, wirtschaftliche, politische und psychologische Lage in Großbritannien berichtet. Die Erfolge deutscher Angriffe auf See und in er Luft wurden relativiert durch die Aufdeckung von Falschmeldungen und Übertreibungen der OKW-Berichte, den Hinweis auf Notabwürfe deutscher Bomben im Nirgendwo und auf die starke britische Luftabwehr. Die Schäden, die Luftangriffe und Versenkungen hervorriefen, wurden in Beziehung gesetzt zu den vielen unversehrten Transportschiffen, die Großbritannien versorgten.[381] Hier zeigt sich eine grundsätzliche Strategie der BBC: Eigene Verluste und Niederlagen wurden eingestanden, jedoch immer durch den Blick auf das Gesamtbild oder den Bezug zu anderen Kriegsschauplätzen relativiert.

Verbunden wurden die Kommentare über die Unabwendbarkeit eines alliierten Sieges mit Szenarien über die Neuordnung Europas nach dem Krieg, in denen insbesondere die positiven sozialen Auswirkungen eines britischen Sieges für die deutsche Bevölkerung betont wurden.[382]

Ein immer wiederkehrendes Thema war die Korruption nationalsozialistischer Parteifunktionäre und der großindustriellen ‚Bonzen', für die anscheinend andere Gesetze gälten als für den „kleinen Mann', der bei kleineren Vergehen drakonische Strafen zu erwarten hätte. In der Betonung der Stärke der britischen Gesellschaft ging der Deutsche Dienst sogar so weit, einen Korruptionsskandal innerhalb der eigenen Regierung propagandistisch auszuschlachten. Statt ihn zu vertuschen, vermeldete die BBC: „Ein starkes Regierungssystem kann es sich leisten, auch über solch unerquickliche Angelegenheiten in aller Öffentlichkeit zu beraten und zu verhandeln" und fragte anschließend: „Doch was geschieht in ähnlichen Fällen im Dritten Reich?".[383]

Außerdem wurde auf die Zerwürfnisse und Zwistigkeiten innerhalb der Führung sowie auf Defätismus bis in die höchsten Kreise – verdeutlicht am Beispiel der Heß-Affäre – hingewie-

---

[379] Zitiert nach: BRIGGS 1970, S. 9. Ins Deutsche übersetzt durch den Verfassers.
[380] Das Signal bestand aus drei kurzen und einem langen Paukenschlag. Aufgrund der unterschiedlichen Tonhöhe der Pauken erinnert das Signal an den Anfang von Beethovens 5. Symphonie, der ‚Schicksalssymphonie'. Als Audiodatei auf: DRA 1998, Track 1. Zur V-Kampagne der BBC vgl. BRIGGS 1970, S. 333- 350.
[381] WITTEK 1962, S. 90.
[382] BRIGGS 1970, S. 235f.
[383] WITTEK 1962, S. 91. Vgl. auch S. 97.

sen.[384] Auf diese Weise wurde eine Trennung der Deutschen in eine kleine Gruppe von Nationalsozialisten und eine Masse von Opfern des Regimes angestrebt.[385] Richard Crossman, einer der prominenten Kommentatoren, bezeichnete das deutsche Volk in einem seiner Kommentare im Januar 1941 als „Bewohner eines besetzten Gebietes", eine spätere Anklage Deutschlands vor einem Weltgericht werde „nicht in erster Linie gegen das deutsche Volk, sondern gegen das Regime"[386] gerichtet sein. Auf Grundlage der *Atlantic Charta* vom August 1941 propagierte die BBC die Beseitigung des Regimes ohne Konsequenzen für die Bevölkerung. Statt dessen wurde dem deutschen Publikum die Vision eines weltwirtschaftlich und weltpolitisch integrierten Deutschlands nach der Niederlage gegenüber den Schreckensbildern eines geistig und religiös unterdrückten, in ständigem Kriegszustand befindlichen Europas nach einem deutschen Sieg vor Augen geführt.[387] Allerdings gelang es der NS-Propaganda, diese utopischen Versprechungen als unrealistisch herausstellen und die Möglichkeit eines Bündnisses der Briten mit dem ‚untermenschlichen' Feind im Osten auszuschlachten. Die BBC reagierte darauf ihrerseits mit dem Versuch, die Sowjetunion in ein positives Licht zu rücken. Die Errungenschaften des ‚echten' Sozialismus' und seine Integration in die politischen Systeme Großbritanniens und der USA wurden angepriesen und vom ‚Pseudosozialismus" des faschistischen Regimes abgegrenzt.[388] Thomas Mann, der aus den USA regelmäßig seine Beiträge an die BBC schickte, kommentierte im März 1941:

> „Daß Rußland und der Westen heute auf derselben Seite gegen Hitler, den Feind der Menschheit, kämpfen, ist nur der äußere Ausdruck für die Tatsache, daß Sozialismus und Demokratie längst keine Gegensätze mehr sind, daß ihre Werte nach Vereinigung streben, und daß dies die Revolution ist, die den Sieg davontragen soll über den Unflat von Lüge und Gewalt, die er [Hitler] Revolution nennt".[389]

Gestützt auf das Wissen über die Stärke sozialistischer Ideen in Deutschland während der Weimarer Republik erhoffte sich der Deutsche Dienst auf diese Weise, eine möglichst große Zustimmung bei den Hörern zu erzielen. Daher inszenierte man Hitler und die Nationalsozialisten als Feinde der Arbeiterklasse, die die Hoffnungen der Bevölkerung in Bezug auf die sozialrevolutionären Ideen der Bewegung enttäuscht hätten.[390]

---

[384] Ebd., S. 97.
[385] In Einklang mit der britischen Regierung, die nach eigener Aussage den Nationalsozialisten und nicht dem deutschen Volk den Krieg erklärt hatte, dazu: BALFOUR 1979, S. 167.
[386] Richard Crossman im Deutschen Dienst der BBC am 22.1.1941, zitiert nach: WITTEK 1962, S. 98. Schon 1939 hatte der damalige *Minister of Information* Hugh Macmillan die Unterscheidung von Volk und Führung für die Propaganda vorgegeben, dazu: BRIGGS 1970, S. 155.
[387] WITTEK 1962, S. 99f.
[388] Ebd., S. 101.
[389] Thomas Mann im März 1941, zitiert nach: WITTEK 1962, S. 223, Anmerkung 64.
[390] WITTEK 1962, S. 102, vgl. auch S. 223, Anmerkung 68.

Thematisch waren die Kommentare also an die Nachrichten angelehnt, was auch die englische Bezeichnung *news talks* nahelegt. Der Unterschied lag vor allem in der ausgeprägteren ideologischen Färbung der Kommentare.

Mit diesen vorgeblich ‚sachlichen' Sendungen, in denen die Argumente der Gegenseite wirklichkeitsnah und glaubwürdig diskutiert werden sollten, grenzte sich die BBC bewusst stark von der NS-Propaganda ab. Statt emotionalisierend an die niederen Triebe der Hörer zu appellieren, präsentierte man sich als vernünftig und nüchtern.[391]

Features

Als *Feature* werden dramatisierte oder gestaltete Radiosendungen bezeichnet. Bei ihnen handelt es sich um eine originäre Kunstform des Rundfunks, für die im Deutschen nur unzulängliche Ausdrücke (wie ‚Hörfolge') existieren.[392] Zur Produktion dieser neuen Sendeform wurde im Sommer 1940 eine eigene Abteilung eingerichtet, in der auch viele deutschsprachige Emigranten mitarbeiteten.[393]

Auch die *Features* behandelten selten andere Themen als die Nachrichten, verbanden diese aber häufig mit Angriffen auf die Weltanschauung der Nationalsozialisten und mit historischen Diskursen. Beispielsweise beschäftige sich ein *Feature* im Februar 1941 mit Immanuel Kant, in welchem dessen Menschenbild als die „genaue Umkehrung der Hitlerischen Weltanschauung"[394] dargestellt wurde. Während Kants Ideale in Deutschland mit Füßen getreten würden, bemühte man sich in Großbritannien darum, sie zu pflegen.[395] Ein weiteres historisches Motiv war der von der BBC immer wieder herangezogene Vergleich mit dem Ersten Weltkrieg, der ebenfalls mit spektakulären Erfolgen begonnen hatte, letztlich aber gegen eine unbezwingbare Übermacht verloren wurde.[396]

Die Hauptstrategie bei dieser Sendeform war jedoch die Absicht, die Hörer durch eine Personalisierung der Themen anzusprechen. Dies zu erreichen versuchten die Charakterserien *Frau Wernicke*, *Gefreiter Hirnschal* und *Kurt und Willi*.[397] Sie blickten aus der Perspektive einzelner Personen auf das Leben im Krieg: Rationierungen, verlängerte Arbeitszeiten, Sorgen um Angehörige und Nöte des Kriegsalltags. Sie schilderten individuelle Probleme, äußerten Kri-

---

[391] Ebd., S. 118.
[392] Vgl. ANDERSCH: Versuch über das Feature, in: Rundfunk und Fernsehen, 1. Jg. (1953) S. 94-97.
[393] Vgl. Jennifer TAYLOR: Grete Fischer. 'Outside Writer' for the BBC, in: Charmian BRINSON, Richard DOVE (Hrsg): 'Stimme der Wahrheit'. German-Language Broadcasting by the BBC. Amsterdam u.a. 2003, S. 43-56, S. 44f.
[394] Feature des Deutschen Dienstes vom 12.2.1941, zitiert nach: WITTEK 1962, S. 224, Anm. 71.
[395] Ebd., S. 104.
[396] ROLO 1943, S. 216.

tik im kleinen Maßstab ohne den Blick auf das große Ganze.[398] Um dem Hörer gleichzeitig Unterhaltung und auch Erleichterung durch Lachen zu bieten, würzte *Frau Wernicke* ihre subversiven Ausführungen mit einem spöttischen Ton und einem starken berlinerischen Akzent, der ihr Authentizität verlieh[399]:

> „Denn für dies Jahr hat er uns doch det Ende vonne janze Siegerei versprochen und an en Führerwort is bekanntlich nich' zu tippen. Also ma' rinn inne Kartoffeln, wo wa' nich' haben oder rinn inne Wolle, wo wa' och nich' haben. [...] Nee, det Radio dreh ich nich' an [...] wie leicht drehste da 'n bisschen zu weit, und haste nich jeseh'n, biste 'n Volksschädling. [...] Der ideale Volksgenosse ist taub, blind und stumm. Auf wiederhör'n".[400]

Die den Hörern unterstellte Unzufriedenheit wurde als typisch dargestellt, nicht als Empfinden einer kleinen Minderheit, wie die NS-Propaganda behauptete.[401] „Die Reaktion der dem ‚kleinen Mann' in Deutschland so lebensecht nachempfundenen Helden der ‚Charakter'-Features, die sowohl den Versorgungsmöglichkeiten in der Heimat wie dem heldischen Pathos der NS-Propaganda mit Gelassenheit, oft mit Zynismus, immer aber mit dem Willen zu überleben begegnete, war als Verhaltensleitbild gedacht, nach welchem der Hörer auch seine persönliche Eistellung zum Kriege gestalten sollte".[402]

Bitterer und böser als der Spott von *Frau Wernike* war die Ironie in den Briefen des *Gefreiten Hirnschal* an seine Frau. Sie schilderten den Krieg aus der Sicht des einfachen Soldaten, sein Leben an der Front und seine Sorge um die Familie in der Heimat:

> „Da weiß ich nicht recht, was ich sagen soll, und so murmle ich nur: ‚Das ist traurig, Kröplin, daß deine Tochter so ein Malheur [ein uneheliches Kind – Anm. d. Verf.] gehabt hat, aber das kommt jetzt sehr häufig vor. [...]'. Und der Fritz Ziegenbart tröstet ihn: ‚Dafür haben wir gerade Saloniki erobert.' Da starrt ihn der Kröplin eine Sekunde lang an, als ob er etwas sagen wollte, aber er sagt gar nichts und reicht mir nur einen Brief. Und in dem Brief teilt ihm seine Frau mit, daß seinem Jungen beide Beine abgeschossen worden sind in Nordafrika. Und wie ich das vorgelesen habe, weiß ich überhaupt nicht mehr, was ich ihm sagen kann, und der Fritz Ziegenbart murmelt nur verlegen vor sich hin: ‚In Nordafrika, da stehen wir jetzt schon in Benghasi'".[403]

Die Tragikomik dieser Sendungen sollte den Galgenhumor der Hörer ansprechen und ihnen in glaubhaften Charakteren mit alltagsnahen Problemen sowie in der Form des leisen Widerstands gegen das Regime durch Witze, Gerüchte und tägliches Lästern im Kreis der Vertrauten eine Identifikationsfigur bieten, die ihnen das Gefühl vermitteln sollte, in ihrer Lebenssi-

---

[397] Von BALFOUR 1979, S. 95 als „cross between soap operas and political cabaret" beschrieben.
[398] Jennifer TAYLOR: The 'Endsieg' as Ever-Receding Goal. Literary Propaganda by Bruno Adler and Robert Lucas for the BBC Radio, in: Ian WALLACE (Hrsg.): German Speaking Exiles in Great Britain. Amsterdam u.a. 1999, S. 43-58, S. 44.
[399] Vgl. NAUMANN: Zwischen Tränen und Gelächter. Köln 1983, S. 125.
[400] *Frau Wernicke* vom 11. März 1941, als Audiodatei auf: DRA 1998, Track 4.
[401] WITTEK 1962, S. 105f.
[402] Ebd., S. 106.
[403] Feature *Gefreiter Hirnschal* vom 3. März 1941, zitiert nach: WITTEK 1962, S. 226, Anm. 86.

tuation verstanden zu werden.[404] Obwohl 1940 unter dem Eindruck ständiger Bombardierungen durch die Luftwaffe innerhalb der BBC darüber debattiert wurde, extremere Vorbildcharaktere zu verwenden und die deutschen Hörer zu aktivem Handeln gegen das Regime aufzufordern, wurde das Konzept der *Features* beibehalten. Der Generaldirektor der BBC persönlich hatte davor gewarnt, das Leben der deutschen Hörer durch solche Aufrufe zu gefährden.[405]

Frau Wernicke und der *Gefreite Hirnschal* blickten aus der eingeschränkten Sicht ihrer sozialen Schicht auf Themen, die sie persönlich betrafen. Die Serie *Kurt und Willi* um den Oberstudienrat Kurt Krüger und seinen Freund, den Ministerialdirektor im RMVP Willi Schimanski, hingegen lieferte aufgrund der höheren Stellung ihrer Protagonisten einen größeren Überblick. Kurt symbolisierte den typischen Mitläufer aus der Mittelschicht, wie man ihn sich in Großbritannien vorstellte: gebildet, gehorsam, pflichtbewusst, unpolitisch. Diese Eigenschaften machen ihn zum passiven Träger des Systems, der erst im Krieg beginnt, sich mit dem Regime auseinanderzusetzen. Dabei hilft ihm Willis Zynismus, der als NS-Funktionär eigentlich die Aufgabe hat, gutgläubige Menschen wie Kurt in die Irre zu führen, letztlich aber von seinem Beruf angewidert ist und seinem Freund als *Insider* die moralische Verkommenheit des Systems offenbart.[406]

> „Kurt: Es wird von Jahr zu Jahr schlimmer. Voriges Jahr hat uns der Führer Stalingrad zu Weihnachten versprochen. Vor zwei Jahren sollte es Moskau sein. Und vor drei Jahren, erinnerst Du Dich an die Weihnachtsbotschaft von Brauchitschs: ‚Alle Feinde liegen geschlagen am Boden!' Willi, Willi, wenn das so weiter geht, dann dauert's nicht mehr bis zum nächsten Weihnachten, und alles ist aus.
> Willi: [...] du hast gar keinen Grund zum Pessimismus. Wenn ich so reden würde. Aber Du, Mensch? Wenn's wirklich so weitergeht, dann feierst du in einem Jahr dein trautes, spießbürgerliches Weihnachtsfest im holden Kreise deiner Lieben. [...]
> Kurt: Wirklich, Willi? Na, darauf wollen wir noch eins trinken. Zum Wohl, heil Hitl...
> Willi: Nee, nee, nee, Kurtchen, heil Hitler reimt sich darauf nicht. Fröhliche Weihnachten.
> Kurt: Das klingt schöner, Willi, und den Menschen Friede auf Erden".[407]

Über die Jahre hinweg konnten die Hörer auf diese Weise teilhaben an „der glaubhaften psychologischen Entwicklung Kurts im Verlauf des Krieges vom eifrigen Nachbeter der Propagandaparolen Goebbels über den vom Zynismus Willis teilweise angesteckten Zweifler, der dennoch passiv bleibt, bis zum sehend gewordenen, geläuterten Anhänger einer freiheitlichen Ordnung".[408]

Ähnlich wie der deutsche Rundfunk versuchte die BBC, sich nach dem Lebensrhythmus der Hörer zu richten. ‚Frauensendungen', die nicht nur aus den Hörfolgen von *Frau Wernicke* und

---

[404] WITTEK 1962, S. 150. Robert Lucas der Autor der Briefe des *Gefreiten Hirnschal*, legte großen Wert auf dieses befreiende Lachen über den Nationalsozialismus, dazu NAUMANN 1983, S. 124f.
[405] Frederick Ogilvie auf einer Konferenz der BBC am 28.6.1940, nach: BRIGGS 1970, S. 236.
[406] WITTEK 1962, S. 151f.
[407] Feature ‚Kurt und Willi' vom 6.10.1942, als Audiodatei auf DRA 1998, Track 9.

anderen *Features*, sondern auch aus Zusammenschnitten von Nachrichten mit besonderen Bezug zu Frauen bestanden, wurden vor allem vormittags gesendet. Während im deutschen Rundfunk die Soldaten morgens früh mit dem Kameradschaftendienst begrüßt wurden, sendete die BBC von 5 bis 5.10 Uhr Wiederholungen der *Briefe des Gefreiten Hirnschal*.[409]
Eine weitere Form des *Features* waren fingierte Gespräche mit den Führern des NS-Regimes. Dazu wurden Aufzeichnungen des ausgezeichneten Abhördienstes der BBC von politischen Reden abgespielt und dann von einem Sprecher des Deutschen Dienstes kommentiert.[410] So erinnerte der Deutsche Dienst am Tag der Unterzeichnung des Hitler-Stalin-Pakts an Hitlers Reichstagsrede vom 30 Januar 1937, in der er gegen den Bolschewismus gewettert hatte. Nach der Bombardierung Berlins wurde Görings berühmter Ausspruch zitiert, er wolle Meier heißen, wenn britische Bomber es bis zur Hauptstadt schaffen. Auch wurde die deutsche Auslandspropaganda mit dem Inlandsrundfunk verglichen: „Hörer in Westdeutschland wird es interessieren, dass in einer Sendung des deutschen Rundfunks in russischer Sprache behauptet wurde, die Briten hätten ihre Luftangriffe auf Westdeutschland eingestellt. In derselben Nacht fand ein schwerer Luftangriff auf Hannover und Bremen statt".[411]
Die Sendung ‚Hitler gegen Hitler' bestand sogar zu großen Teilen aus Tonzitaten, die vom *Monitoring Service* über Jahre hinweg akribisch gesammelt und archiviert worden waren.[412] Der Sprecher lieferte kurze Kommentare und beschrieb die Situation:

> „Sprecher: Wir haben heute zwei Gäste im Senderaum [...]. Darf ich sie nun bitten, mir etwas über die Beziehungen zu Russland mitzuteilen?
> Hitler [Originalaufnahme]: ‚Deutschland und Russland werden hier an die Stelle eines Brandherdes Europa eine Situation setzen, die man dereinst nur als eine Entspannung wird werten können.'
> Sprecher: Und was sagen sie dazu? Wo stehen sie?
> Hitler [andere Aufnahme]: ‚... auf einer Frontlinie, die gigantisch ist, und einem Gegner gegenüber, der, das muss ich hier aussprechen, nicht aus Menschen besteht, sondern aus Tieren, aus Bestien.' [...]
> Sprecher: [...] Soll ich ihnen jetzt klipp und klar meine Meinung sagen? Einer von ihnen lügt, meine Herren. Oder vielleicht beide? Denn schließlich, ihre beide Stimmen gehören doch nur einem Mann".[413]

Da es sich um Originalaufnahmen handelte, wurde so der Eindruck großer Glaubwürdigkeit erzeugt. Die Hörer, die sich in den seltensten Fällen an den kompletten Wortlaut einer Rede erinnern konnten, die sie womöglich vor Monaten im Rundfunk gehört hatten, konnten somit nicht erkennen, dass die Zitate durch das Herauslösen aus dem Kontext nicht selten in ihrer Aussage entstellt waren.[414]

---

[408] WITTEK 1962, S. 153.
[409] Ebd., S. 124.
[410] Vgl. HALE 1975, S. 162.
[411] Sendung des Deutschen Dienstes der BBC vom 17. Januar 1941, zitiert nach: WITTEK 1962, S. 87.
[412] Die Idee dazu hatte Martin Esslin, ein ehemaliger Mitarbeiter des *Monitoring Service*, der Anfang 1941 zum Deutschen Dienst gewechselt war, dazu: Briggs 1970, S. 390.
[413] Feature ‚Hitler gegen Hitler' vom 21.2.1942, als Audiodatei auf: DRA 1998, Track 7.
[414] WITTEK 1962, S. 116.

Anders als bei den Kommentaren genossen deutschsprachige Emigranten bei den *Features* relativ große Freiheiten.[415] Sie wurden nicht nur als Ansager und Sprecher eingesetzt, sondern verfassten auch Texte. Die Charakterserien beispielsweise wurden von den Österreichern Bruno Adler und Robert Lucas geschrieben.[416]

3.3.2. Einfach die Fakten sprechen lassen? – Chancen und Probleme des Deutschen Dienstes in einem erfolgreichen Krieg

Mit den Niederlagen von El Alamein und Stalingrad wurde auch die deutsche Bevölkerung der Wende im Kriegsgeschehen gewahr. Die britische Propaganda befand sich nun in der vorteilhaften Situation, nicht nur die Versprechungen der Gegenseite angreifen, sondern auch selbst politisch in die Offensive gehen zu können. Ähnlich wie der deutsche Rundfunk zu Beginn des Krieges, konnte die BBC dafür einfach die Fakten für sich sprechen lassen und ihre Hörer dazu auffordern, ihre Angaben nachzuprüfen. Anders als zu Beginn des Krieges musste der Deutsche Dienst nun nicht mehr versuchen, den Deutschen eine Wirklichkeit nahezubringen, die außerhalb ihrer Alltagserfahrungen lag. Die zunehmend schlechter werdende Versorgungslage beispielsweise stellte eine wirksame Unterstützung der britischen Propaganda dar.[417]

Unconditional Surrender

Das wohl bedeutendste Ereignis für den Deutschen Dienst war jedoch kein militärischer Sieg, sondern die Konferenz von Casablanca, auf der der US-Präsident Franklin D. Roosevelt am 24. Januar 1943 die bedingungslose Kapitulation der Achsenmächte als offizielles Kriegsziel der Alliierten verkündete. Diese Forderung des *unconditional surrender* stellte einen herben Rückschlag für den Deutschen Dienst und gleichzeitig ein gefundenes Fressen für die NS-Propaganda dar.[418] Goebbels kommentierte diesen Ausdruck Anfang 1944 triumphierend: „Durch die Forderung nach bedingungsloser Kapitulation jedenfalls ist es Churchill und Roosevelt gelungen, was allein meiner Propaganda sehr schwergefallen wäre; das deutsche Volk

---
[415] PÜTTER 1987, S. 85.
[416] TAYLOR 1999, S. 43.
[417] Vgl. ROLO 1943, S. 218.
[418] WITTEK 1962, S. 159f. In dem bereits zitierten Vortrag vor dem NATO Defence College beklagte Hugh C. Greene, die Forderung nach bedingungsloser Kapitulation habe effektive Propaganda unmöglich gemacht, dazu: BRIGGS 1970, S. 13.

zu einem unzerreißbaren Block zusammenzuschweißen, der als Ganzes siegen oder untergehen wird".[419]

Die BBC sah sich vor das Problem gestellt, ihre ursprüngliche Strategie der Auflösung der ‚Volksgemeinschaft' in einzelne Interessengruppen aufgeben zu müssen. Eine Ermutigung oppositioneller Kräfte oder sogar die Erzeugung einer Rebellion gegen das Regime war unter diesen Prämissen kaum möglich[420]: „If the Allies had been able at this time to appeal directly and in specific terms to German anti-Nazis, establishes or incipient, they might well have been able to rally a German resistance and to shorten the war".[421] Ob ein solcher Versuch erfolgreich hätte sein können, kann im Nachhinein jedoch schwerlich geprüft werden.

Um seine Zuhörer nicht vor den Kopf zu stoßen, versuchte der Deutsche Dienst den Begriff *unconditional surrender* zu verharmlosen, herunterzuspielen oder zu umschreiben. Thomas Mann sprach in einem seiner Kommentare von „unbedingter Unterwerfung".[422] Da es aber in Anbetracht der unsäglichen Prägung Roosevelts kaum möglich war, eine glaubwürdige positive Schilderung der Nachkriegspläne für Deutschland zu geben, konnte dieses Thema in den *Features* nur ausgesprochen vage behandelt werden.[423]

Zumindest aber sollte den Hörern die Sicherung der notwendigsten Bedürfnisse versprochen werden. Dazu gehörte auch die Übertragung von Gottesdiensten, anfangs wöchentlich, ab 1944 zweimal pro Woche, die das Fehlen religiöser Sendungen im deutschen Rundfunk kompensieren sollten. Dazu kamen, ebenfalls 1944, Gespräche über ethische Themen.[424]

Hauptsächlich ging es aber um die leiblichen Bedürfnisse. In der Sendung *Was wird Hitlers Sturz für mich und meine Familie bedeuten?* wurde daher eine Rede Churchills vom August 1941 zitiert, in der er die Versorgung Deutschlands und Österreichs mit Nahrungsmitteln nach dem Krieg garantierte.[425] Überhaupt berief sich die BBC in diesen Tagen häufig auf ältere Aussagen britischer Politiker, die längst nicht mehr den aktuellen Gegebenheiten entsprachen. Geplante Reparationsforderungen, Gebietsabtretungen und der Umgang mit den Deutschen in den abzutretenden Gebieten wurden nicht thematisiert. Der Deutsche Dienst bemühte sich

---

[419] In einer Bemerkung zu einem persönlichen Referenten, zitiert nach: WITTEK 1962, S. 325, Anm. 6.
[420] Dieser Wandel der Einstellung gegenüber den Deutschen war auch eine Konsequenz der Ablösung Neville Chamberlains als Premierminister durch Winston Churchill, dazu: BALFOUR 1979, S. 168.
[421] BRIGGS 1970, S. 626.
[422] In Thomas Manns Kommentar *Deutsche Hörer!* Vom 29.8.1943, nach: WITTEK 1962, S. 162.
[423] WITTEK 1962, S. 162.
[424] Ab November 1942 wurden regelmäßig lutherische Gottesdienste gesendet. Allerdings sollten Christen nicht anders als der Rest der Bevölkerung behandelt werden, dazu: BRIGGS 1970, S. 570f sowie S. 626
[425] *Feature* im Deutschen Dienst vom 22.4.1943, nach: WITTEK 1962, S. 163.

weiterhin so gut es ging um eine Trennung des deutschen Volkes in Täter und in Opfer, die eine Niederlage nicht zu fürchten hätten.[426]

In den letzten Monaten des Krieges jedoch war diese Form der Täuschung nicht mehr durchzuhalten, wollte man nicht den Verlust der Glaubwürdigkeit und das Säen des Keims für einen späteren Widerstand im besetzten Deutschland riskieren. Innerhalb kürzester Zeit schlug der Ton des Deutschen Dienstes um und wurde hart, anklagend, konsequent. Um falschen Hoffnungen entgegenzuwirken, vermeldeten die Nachrichten im März 1945:

> „Nahrungsmittel sind jetzt schon selbst in dem als fruchtbar bekannten Rheinland knapp. Und wenn die Kämpfe weiter andauern, wird es über unsere Kräfte gehen, eine Hungersnot zu vermeiden. Die Vereinigten Staaten werden angesichts der Verknappung im eigenen Land und des dringenden Bedarfs der verbündeten Nationen keine andere Wahl haben, als die Deutschen für sich selbst sorgen zu lassen".[427]

Neue Sachlichkeit

Immerhin erleichterten die spektakulären Erfolge der Alliierten die Gestaltung der Nachrichten. Das Eingestehen britischer Niederlagen in der Anfangsphase des Krieges hatte sehr zur Glaubwürdigkeit der Nachrichten beigetragen.[428] Blumige Umschreibungen und Übertreibungen waren nicht mehr notwendig. In nüchternem Ton vermeldeten die *news* am 23. Januar 1943: „Tripolis ist erobert. Die 8. Armee ist damit in drei Monaten 1600 km vorgestoßen. Das entspricht etwa der Entfernung Stalingrad-Breslau".[429] Auch britische Verluste konnten in Anbetracht der Gesamtlage erstmals unumwunden zugegeben werden, was wiederum die eigene Glaubwürdigkeit stärken sollte. Während der Ardennen-Offensive im Dezember 1944 gestanden die Nachrichten ein: „Die Verluste der Alliierten waren nicht unbedeutend und einige alliierte Einheiten bis zur Bataillonsgröße sind noch eingeschlossen".[430]

Insgesamt kann in den Nachrichten dieser Phase eine größere Sachlichkeit festgestellt werden. Außerdem wurde peinlich genau auf die Wahrung der Ehre deutscher Soldaten sowie die Streichung sämtlicher Meldungen geachtet, die als Zynismus verstanden werden konnten. Dazu gehörten beispielsweise Informationen über die verbesserte britische Versorgungslage.[431]

Der Verzicht auf jegliche Form der persönlichen Meinung sowie die Entfernung der Tonzitate aus den Nachrichten waren ebenfalls dem Ideal der Sachlichkeit geschuldet. Diese wurden stattdessen für das neue Feature *German Short* verwendet, maximal dreiminütige Sendungen

---

[426] WITTEK 1962, S. 163f.
[427] Nachrichten des Deutschen Diensts vom 20.3.1945, zitiert nach: WITTEK 1962, S. 238, Anm. 29.
[428] CRISELL 2002, S. 65.
[429] Nachrichten des Deutschen Dienstes vom 23.1.1943, zitiert nach: WITTEK 1962, S. 236, Anm. 9.
[430] Nachrichten des Deutschen Dienstes vom 24.12.1944, zitiert nach: WITTEK 1962, S. 162.
[431] WITTEK 1962, S. 161.

zu einem eng begrenzten Thema, die der Widerlegung der NS-Propaganda gewidmet waren.[432]

Propagandamotive wie die ‚Überlegenheit' der Demokratie oder die Einigkeit der Allianz, die in Anbetracht der neuen Kriegslage an Bedeutung verloren hatten, wurden größtenteils ersetzt durch virulentere Themen. Insbesondere der Widerstand in von Deutschland besetzten Gebieten, Kämpfe der Wehrmacht mit Partisanen, die auch der OKW-Bericht nicht dauerhaft unterschlagen konnte, wurden in den Vordergrund gerückt.[433]

Es gab aber auch technische Gründe für den Wandel des Stils. Eine Prüfung der Empfangssituation Deutscher Hörer hatte ergeben, dass das Verständnis komplizierter Formulierungen durch die deutschen Störsender erheblich beeinträchtigt wurde. Daher sollten die Nachrichten kürzer, präziser und einfacher formuliert und langsamer vorgelesen werden. Außerdem wechselten sich zwei Sprecher mit dem Verlesen der Meldungen ab, um die Aufmerksamkeit der Hörer trotz Störungen zu erhalten.[434]

Die Hauptaussage des Programms in dieser Phase lautete: Deutschland kann den Krieg nicht gewinnen. Untermauert wurde diese Behauptung mit der Betonung der Schwäche der Wehrmacht gegenüber den alliierten Truppen, jedoch ohne persönliche Angriffe auf Soldaten oder den Versuch, die Wehrmacht lächerlich zu machen.[435] Euphemismen wie ‚Frontbegradigung' wurden aufgedeckt und Siegesversprechen der deutschen Propaganda im Vergleich mit ähnlichen Versprechen der Vergangenheit als Illusionen entlarvt.[436]

Doch all diese Maßnahmen zur Wahrung der Glaubwürdigkeit durch sachliche und kühle Berichterstattung konnten einen Fauxpas im Juli 1944 nicht verhindern. Als die Meldung vom Attentat auf Hitler die BBC erreichte, verkündeten die Nachrichten des Deutschen Dienstes euphorisch: „In Deutschland ist der Bürgerkrieg ausgebrochen".[437]

Kriegsberichte

Die Eroberung der Offensive durch die Alliierten beeinflusste auch die Sendeformen des britischen Rundfunks. Um den Hörern jetzt, wo die Front näher rückte, einen lebhaften Eindruck vom Krieg zu vermitteln, führte die BBC mit den Frontberichten ein neues Sendeformat ein, das sich vom Aufbau an den PK-Berichten orientierte und einen Gegenpol zu diesen bieten

---

[432] Ebd., S. 166f.
[433] Ebd., S. 261f.
[434] BRIGGS 1970, S. 393.
[435] Solche Angriffe wurden als kontraproduktiv abgelehnt, dazu: BALFOUR 1979, S. 87.
[436] WITTEK 1962, S. 163.
[437] Nachrichten des Deutschen Dienstes vom 20.7.1944, zitiert nach: BRIGGS 1970, S. 625.

sollte.[438] Bereits 1942 wurde in der BBC über ein solches Format diskutiert. Ab 1943 wurden erste Testversuche in Afrika durchgeführt und eine eigene Einheiten von Frontberichterstattern, die *War Reporting Unit*, von der Armee für die Invasion in Frankreich ausgebildet.[439] Ab dem Sommer 1944 wurden die alliierten Truppen von Kriegsberichterstattern begleitet, die live vom Schlachtfeld sendeten bzw. ihre Berichte mit Hilfe tragbarer Rekorder aufzeichneten und dann nach England schickten. Anders als die deutschen PK wurden die Kriegsberichterstatter angehalten, ihre Sendungen nicht ‚aufzupeppen' oder nachträglich Geräusche einzufügen. Außerdem untersagte die BBC Live-Berichte aus Bombern während eines Luftangriffs auf Großstädte, da mit solchen Angriffen nach geprahlt werden sollte.[440] Der Deutsche Dienst hatte allerdings keine eigenen Berichterstatter auf dem Festland. Er war auf gelegentliche Übernahmen von Berichten aus den Home Services angewiesen.[441]

Die Namen deutscher Kriegsgefangener wurden nun regelmäßig und ohne Verzögerung verlesen. Außerdem wurde im Oktober 1944 ein Kriegsgefangenendienst eingerichtet, in dem deutsche Soldaten zwischen 19 und 23 Uhr über ihre Gefangenschaft berichteten, die NS-Propaganda über Greuel an Kriegsgefangenen widerlegten und ihre Kameraden zur Kapitulation aufriefen.[442]

Mit der Besetzung deutscher Gebiete Ende 1944 wurden auch Berichte über die eingesetzten Militärregierungen aufgenommen. In den *Sendungen für deutsche Gebiete unter alliierter Militärregierung* informierte der Deutsche Dienst über die Lebensverhältnisse in den besetzten Territorien und über den Umgang mit der Bevölkerung, um dem Rest des Reiches zu demonstrieren, wie es nach der Niederlage weitergehen würde. Im Vergleich von Orten, die sich kampflos ergaben und in denen das Leben der Bewohner bereits wieder normal verlief, mit den Zerstörungen in Ortschaften, die sich bis zum Ende verteidigten, wurde eine schnelle Kapitulation nahegelegt.[443]

---

[438] WITTEK 1962, S. 168.
[439] BRIGGS 1970, S. 589ff.
[440] Ebd., S. 593ff. Vgl. auch: CRISELL 2002, S. 62.
[441] Eine Tatsache, die Kirkpatrick scharf kritisierte, dazu: BRIGGS 1970, S.604.
[442] WITTEK 1962, S. 168f sowie BRIGGS 1970, S. 625f.
[443] Ebd., S. 171f sowie BRIGGS 1970 S. 627.

4. Hypnotische Verführung oder Anpassung an den Volkswillen? – Die Rolle des Hörers zwischen ‚Reflexamöbe' und aktivem Mitgestalter des Rundfunks im Zweiten Weltkrieg

> "Broadcast words have further advantage over their printed rivals. Lost in a flash on the ether, they are not subject to reconsideration or critical scrutiny. They can, at will, be used to initiate, supplement, or round up action in other field. It is simplicity itself to impart to them an infinity of variations of tempo and emotional pitch. More effectively than any other medium they create an illusion of reality. And, when successful, their impact is immediate and dramatic."[444]

In den 20 Jahren nach Ende des Zweiten Weltkrieges entstand in Deutschland eine große Verschwörungstheorie.[445] Sie handelte von einem unwiderstehlichen Verführer, einem dämonischen Demagogen, der es mit der Macht seiner Worte verstand, bei seinen Zuhörern den richtigen Knopf zu betätigen und dadurch ein ganzes Volk in einen Krieg zu führen, den es eigentlich nicht wollte. Das Mittel, das ihm dabei zur Verfügung stand, besaß schier unvorstellbare Kräfte. Es hieß Propaganda.

Aus heutiger Perspektive – so zeigt es diese Untersuchung – muss die Theorie von der Allmacht der Propaganda als Mythos bezeichnet werden, als ein Rechtfertigungsversuch, um den Druck der Schuldgefühle zu mindern.[446] In England beispielsweise wurde bereits vor Ende des Krieges ein wesentlich kritischeres Bild von der Wirkung der Propaganda gezeichnet:

> „The experience of the Second World War is gradually destroying the myth of Propaganda that arose as an aftermath of the first. Belief in the dark powers of propaganda is being replaced by a better understanding of its limitations and functions, which vary with the social order and the situation."[447]

Die Grundlage für die Verführungstheorie bildet ein deterministisches Menschenbild, das dem Produzenten von Nachrichten im Massenkommunikationsprozess die alleinige Deutungsmacht zugesteht und den Rezipienten zum willenlosen Gefäß macht, in das Meinungen und Wirklichkeitsauslegungen einfach eingegossen werden können. Eine überzeugende Kritik dieser Vorstellung findet sich in Michel de Certeaus These vom Konsum als anderer Form der Produktion. Diese „ist listenreich und verstreut, aber sie breitet sich überall aus, lautlos und fast unsichtbar, denn sie äußert sich nicht durch andere Produkte, sondern in der *Umgangsweise* mit den Produkten, die von einer herrschenden ökonomischen Ordnung aufgezwungen werden."[448] Bedeutung ist also nicht schon in der Nachricht enthalten, sondern wird vom Empfänger unter Beeinflussung durch seine Erfahrungen und seine Lebensumstände indivi-

---

[444] So die Beschreibung des Rundfunks als Wunderwaffe durch den Amerikaner ROLO 1943, S. 32.
[445] BUSSEMER 2000, S. 1f.
[446] Ebd., S. 12.
[447] KRIS/SPEIER: German Radio Propaganda,. London 1944, S. 477, nach: HALE 1975 S. XVII.
[448] DE CERTEAU: Kunst des Handelns, Berlin 1988, S. 13.

duell ausgehandelt. „Massenkommunikation trifft damit nicht in direkter Weise eine quasi neutrale Person, sondern ein bereits mit Vorlieben, Einstellungen und Werthaltungen ausgestattetes Individuum, das seine Freiheit in der Bestätigung und Harmonisierung dieses Einstellungssystems sehen mag".[449] Die Aufnahme von massenmedial vermittelten Inhalten ist somit ein aktiver Prozess, in dem der Rezipient dem Inhalt Sinn und Bedeutung zuweist.[450]

Certeau bezeichnet diesen produktiven Umgang mit dem Medienangebot als *Taktik*. Taktisches Verhalten stützt sich auf keine direkte Macht. Als Kunst des Schwachen kann sie dem Produzenten nicht direkt entgegenwirken, sondern lediglich auf ihre Weise mit den Vorgaben des Produzenten, dem Thema, umgehen. Dem gegenüber steht mit der *Strategie* die machtgestützte Möglichkeit zur aktiven Gestaltung des Medienangebots, insbesondere der Lenkung und der Vorgabe des verhandelten Themenspektrums.[451] Aus diesem Grund wurde zur Beschreibung der Produktion der Rundfunkprogramme in dieser Untersuchung der Begriff der *Strategie* verwendet.

Die Macht der Medien besteht folglich vor allem in der Vorgabe von Themen, nicht von allgemeingültigen Meinungen.[452] Ihre Wirksamkeit ist abhängig von den Bedingungen des Mediums und ihrer Nähe zum Empfänger, „um rezipiert zu werden, muss Propaganda eine Schnittstelle zu den Alltagserfahrungen der Adressaten schaffen"[453], um wirksam zu sein, muss sie sich „an den Lebenswelten der KonsumentInnen orientieren, ihre Erfahrungen und Bedürfnisse aufnehmen".[454]

George Orwell erkannte dies, als er bereits zu Beginn des Krieges das hochnäsige Oxfordenglisch der BBC kritisierte und eine Annäherung an die Hörerschaft durch die Einstellung von Sprechern des ‚Arbeiterdialekts' forderte.[455]

Auch die Propaganda der Nationalsozialisten unterlag diesen Gesetzmäßigkeiten. Wollte man die These von der Allmacht der Propaganda aufrechterhalten, müsste in den Massenmedien der Dreißiger Jahre in Deutschland ein Vorherrschen der Ideologie, insbesondere des Antisemitismus', festzustellen sein. Denn um das Volk zum Nationalsozialismus zu verführen, müsste es von der Ideologie überzeugt werden. Tatsächlich spielte das Thema Antisemitismus zumindest bis 1938 in den Medien aber lediglich eine untergeordnete Rolle. Antisemitische

---

[449] DRECHSLER 1988, S. 5
[450] vgl. PATER 1998, S. 131. Wobei dieser Prozess nicht zwangsläufig rational abläuft, vgl. BUSSEMER 2000, S. 46f.
[451] De CERTEAU 1988, S. 89ff. Vgl. auch die Konzepte von *Incorporation* und *Resistance* nach BUSSEMER 2000. S. 79f.
[452] DUSSEL 2004, S. 16
[453] BUSSEMER 2000, S. 13
[454] MARßOLEK/VON SALDERN 1998, S. 29f

Propaganda war wenig effektiv, weil schlichtweg zu abstrakt und zu weit von der Alltagswirklichkeit des Großteils des Volkes entfernt.[456] In diesem Zusammenhang ist es nicht überraschend, dass von den 1.100 Spielfilmen, die von 1933 bis 1945 produziert wurden, etwa die Hälfte Liebesfilme und Komödien und 25 Prozent Krimis und Musicals waren und nur ca. 20 Prozent direkt politische Agitation betrieben.[457]

Für den Rundfunk bedeutete dies, dass auf Gewohnheiten und Interessen des Publikums Rücksicht genommen werden musste, um einen Anreiz zum Anschalten zu schaffen. Denn letztlich konnte sich der Hörer entscheiden, das Radio einfach abzuschalten oder gar abzumelden, was nicht nur der Verbreitung der Propaganda geschadet, sondern auch ganz konkrete finanzielle Probleme für das RMVP nach sich gezogen hätte. Das war auch Goebbels bewusst, als er im September 1933 warnte: „Die politischen Kundgebungen durch den Rundfunk [...] haben in letzter Zeit einen solchen Umfang angenommen, daß die [...] Gefahr besteht, daß das Interesse am Rundfunk schwindet, die Hörer den Rundfunk abstellen und den Empfang aufgeben. Die Folge wäre eine Verminderung der Hörerzahl und damit ein erheblicher Rückgang der Rundfunkeinnahmen."[458] Schon im März 1933 hatte er die Intendanten des neuen nationalsozialistischen Rundfunks beschworen: „Nur nicht langweilig werden. Nur keine Öde. Nur nicht die Gesinnung auf den Präsentierteller legen. Nur nicht glauben, man könne sich im Dienste der nationalsozialistischen Regierung am besten betätigen, wenn man Abend für Abend schmetternde Märsche ertönen läßt. [...] Der Rundfunk soll niemals an dem Wort kranken, man merkt die Absicht und wird verstimmt"[459] und selbst der ansonsten eher brachiale Agitator Hadamovsky kam 1934, nach einem Jahr voller Großkundgebungen und Führerreden im Rundfunk, zu dem Schluss: „Wollen wir unseren Rundfunk nicht durch verkehrte reaktionäre Tendenzen zugrunde richten und unsere Hörer zum regelmäßigen Auslandsempfang erziehen, dann muß das gesamte Programm auf der Grundlage der leichten Musik und der aktuellen Nachrichten aufbauen".[460]

Folglich wurde Unterhaltung die Basis der gesamten Programmgestaltung. Gestützt auf systematische Meinungsforschung durch die verschiedenen Propagandadienststellen und insbe-

---

[455] Allerdings mit wenig Erfolg. Dazu: BRIGGS S. 52.
[456] BUSSEMER 2000, S 37f.
[457] Ebd., S. 93.
[458] In einem Schreiben des RMVP an Reichsministerien, Landesregierungen und Reichsstatthalter vom 22.9.1933, zitiert nach: MÜHLENFELD 2006, S. 443, der konstatiert, dass „das RMVP aus schlicht pekuniären Interessen an einer stetig wachsenden Rundfunkhörerschaft interessiert sein" musste, S. 466.
[459] Mitteilungen der RRG (Sonderbeilage), 30.3.1933, zitiert nach: DRECHSLER 1988, S. 28.
[460] HADAMOVSKY: Dein Rundfunk, 1934, S. 51.

sondere den Sicherheitsdienst der SS[461] versuchte die Rundfunkleitung, das Programm dem Geschmack der Hörer anzupassen. Die unbeliebten Radiovorträge wurden stark eingeschränkt, politische Aussagen in kleineren Dosen eingestreut und ‚Bunte Abende' mit viel Musik, die bei Umfragen 1935 und 1939 mehrheitlich als beliebteste Sendungen angegeben wurden, ausgeweitet.[462] Die Sendezeiten wurden fixiert und dem Höreralltag angepasst.[463]

Im Bereich der Musik gab es ideologische Vorbehalte gegenüber den modernen Genres, wie dem ‚Niggerjazz' und dem Swing. Doch waren diese Stile zu beliebt, um sie einfach aus dem Rundfunk zu verbannen. Um gegenüber dem harten Kern der Nationalsozialisten das Gesicht zu wahren, wurde die neue Musik kurzerhand germanisiert. Jüdische und schwarze Komponisten und Musiker wurden verboten, ihre Musik von deutschen Künstlern gespielt.[464] Zu diesem Zweck wurden Kapellenwettstreite ins Leben gerufen, bei denen verschiedene Musikgruppen bei regionalen Veranstaltungen gegeneinander antraten, um sich dann schließlich bei einer großen, reichsweit vom Rundfunk übertragenen Endausscheidung einer Jury zur Wahl der besten deutschen Tanzkapelle zu stellen (– ein Konzept, das im NS-Rundfunk häufiger Verwendung fand[465] und das dem modernen Fernsehproduzenten heute geradezu undenkbar erscheinen dürfte). Für den Rundfunk wurde ein eigenes großes Tanz- und Unterhaltungsorchester gegründet, das statt des ‚verjudeten' Swings anständige deutsche Tanzmusik, also deutschen Swing, spielte.[466]

Im Krieg verlangte die Konkurrenz mit der BBC eine noch weitergehende Anpassung, um das deutsche Programm attraktiv zu halten. Goebbels befürchtete, die Soldaten könnten aufgrund der Musik englische Sender einschalten und dabei zufällig auch die Nachrichten der BBC mitbekommen. Daher befahl er im Frühjahr 1941, nach 20.15 Uhr ausschließlich leichte Unterhaltungsmusik zu spielen.[467] Sogar die Musik jüdischer und schwarzer Musiker – beispielsweise Louis Armstrongs – wurde wieder erlaubt. Sie wurde einfach abgespielt, ohne dass der Titel und der Name des Interpreten angesagt wurden.[468]

---

[461] vgl. BUSSEMER 2000, S. 89f.
[462] PATER 1998, S. 188f sowie POHLE 1955 S. 282 und S. 303.
[463] Ebd., S. 190 Anmerkung 200. Dazu gehörte beispielsweise auch die Einrichtung von Sendungen, die zeitlich und inhaltlich auf bestimmte Zielgruppen zugeschnitten waren. Als Beispiel vgl. die Ausführungen zum ‚Frauenfunk' bei MÜNKEL 1998, S. 106-111.
[464] POHLE 1955, S. 325f.
[465] vgl. MÜNKEL 1998, S. 148.
[466] DRECHSLER 1988, S. 128ff
[467] DUSSEL 2004, S. 110f.
[468] POHLE 1955, S. 325f. Nach DRECHSLER 1988, S. 41 „wurden auf diesem Gebiet erstaunliche Zugeständnisse gemacht". Ein weiteres Beispiel dafür ist die religiöse Musik, die Goebbels nach anfänglichem Verbot im Mai 1942 wieder zuließ, um dem Bedürfnis nach Besinnlichkeit entgegenzukommen. Allerdings wurden Weihnachtslieder und religiöse Musik meist ohne Text gespielt. Ebd. S. 101-104.

Für den Deutschen Dienst der BBC gestaltete sich eine Orientierung an den Bedürfnissen der Hörer ungleich schwieriger. Systematische Meinungsforschung war nicht möglich, so dass die Redakteure des Programms auf die spärlichen Informationen aus der Befragung von Kriegsgefangenen und auf die Berichte der Geheimdienste und der diplomatischen Vertretungen neutraler Länder angewiesen waren.[469] Um sich einen Überblick über die technische Empfangssituation in Deutschland zu verschaffen, reiste der Chef des Deutschen Dienstes, Hugh C. Greene, im August 1942 sogar extra nach Stockholm.[470] Trotzdem versuchte man sich nach den spärlichen Erkenntnissen, die so gewonnen werden konnten, zu richten. Die Sendungen wurden in Anbetracht des Risikos für den Hörer so kurz wie möglich gehalten. Am Anfang und Ende der Nachrichten gab es wegen der Störungsversuche der Nationalsozialisten eine Kurzzusammenfassung der wichtigsten Meldungen. Politische Zusammenhänge, die den Deutschen aufgrund der Zensur im Land nicht bekannt waren, wurden erläutert und mit den Kommentaren aus einer umfangreichen internationalen Presseschau versehen.[471] Insgesamt aber arbeiteten die Planer und Redakteure des Deutschen Dienstes „in den meisten Fällen sprichwörtlich ins Blaue hinein".[472]

Thymian Bussemer zufolge bestand der anfängliche Erfolg der nationalsozialistischen Propaganda nicht in der Verführung der Massen durch die Ideologie, sondern in der „individuelle[n] >Bestechung< einzelner sozialer Gruppen, welche vornehmlich durch Gratifikationsversprechen erfolgte".[473] Dies gelang ihr durch die Aneignung der deutschen Populärkultur und ihrer akzeptierten Themen. „Durch die Aufwertung und partielle Instrumentalisierung sowieso vorhandener und generell akzeptierter Themen gelang es der Propaganda, in private Milieus und Zirkel interpersonaler Kommunikation einzudringen und zur Grundlage der dort geführten Gespräche zu werden".[474] Dies war nur durch Zugeständnisse an die Hörer und die etablierte moderne Populärkultur möglich, die fest in der Lebenswelt der Hörer verankert war. Gestützt war die Propaganda dabei einerseits auf die reale Umgestaltung der Gesellschaft durch wirtschaftlichen Aufschwung, außenpolitische Erfolge und die Bekämpfung der Arbeitslosigkeit, aber auch auf symbolische Gratifikation durch die Propagierung der ‚Volksge-

---

[469] PÜTTER 1986, S. 24. Für die Inlandsprogramme betrieb die BBC allerdings professionelle Hörerforschung, unter anderem zu den Auswirkungen des Krieges auf die Lebensgewohnheiten sowie zu den Bedürfnissen und zum Geschmack der Hörer, die weit über die Anstrengungen des RMVP auf diesem Gebiet hinausgingen. Vgl. dazu: BRIGGS 1970, S. 112.
[470] TRACEY 1984, S. 93.
[471] WITTEK 1962, S. 134.
[472] PÜTTER, 1986, S. 24.
[473] BUSSEMER 2000, S. 3.
[474] Ebd., S. 88.

nossenschaft' in Massenaufmärschen, gemeinsamem Eintopf-Essen und monumentaler Architektur.[475]

Als die Propaganda im Zuge des Krieges wieder politisiert und ideologisiert wurde, verlor sie mehr und mehr ihre Verankerung in der Bevölkerung, bis sie schließlich bereits im Winter 1941 vom Großteil der Deutschen kaum noch ernst genommen wurde.[476] Die Folge des Endes der Blitzsiege und des langen Krieges in Russland war das massenhafte Ausweichen auf die englische Konkurrenz. So vermeldete der SD im Januar 1942: „Aus einer Vielzahl von Meldungen und Einzelberichten geht hervor, daß die öffentlichen Führungsmittel in ihrer Wirkung z. Zt. sehr wesentlich beeinträchtigt sind".[477] Die Propaganda hatte sich zu weit von den Erfahrungen der Menschen und den Schilderungen aus Soldatenbriefen entfernt, so dass der SD nach Stalingrad eingestehen musste, „daß die Führungsmittel z. Zt. in ihrer Breiten- und Tiefenwirkung durch das Gewicht der bedrückenden Tatsachen und die praktischen Konsequenzen im alltäglichen Leben teilweise stark überlagert sind".[478] Gegen den Stimmungsumschwung im Land war der Rundfunk auch trotz einer weiteren Erhöhung des Unterhaltungsanteils letztlich machtlos.

Den militärischen Niederlagen, den Berichten von Soldaten und dem Alltag in der ständigen Gefahr durch Luftangriffe hatte der Rundfunk nichts entgegenzusetzen. „In der durch politische Vorgaben erzwungenen Kollision der Massenmedien mit der Wirklichkeit des Weltkrieges unterlagen die Massenmedien".[479]

---

[475] Symbolische Gesten, die auch das Bündnis mit den konservativen und großindustriellen Kräften im Reich verschleiern sollten. Dazu: BUSSEMER 2000, S. 41 sowie S. 74
[476] BUSSEMER 2000, S. 75.
[477] SD-Bericht vom 22.1.1942 in: Meldungen aus dem Reich, Bd. 9, S. 3195.
[478] SD-Bericht vom 18.2. 1943 in: Meldungen aus dem Reich, Bd. 12, S. 4823.
[479] DUSSEL 2004, S. 119.

5. Vergleichende Zusammenfassung und Schlussbemerkung

Wie diese Untersuchung gezeigt hat, lagen der Organisation des deutschen und des britischen Rundfunks zwei unterschiedliche Konzepte zugrunde.

Die in der Weimarer Republik einsetzende und von Propagandaminister Goebbels abgeschlossene vollständige Verstaatlichung des deutschen Rundfunks ging einher mit einem sukzessiven Ausbau zentralistischer Strukturen. Als Deutschland 1939 den Weltkrieg entfesselte, war der Rundfunk daher vorbereitet. Als Teil des Propagandaapparates stand er in direkter Verbindung mit der Führungsriege des NS-Regimes, welche wiederum über Minister Goebbels frei auf ihn zugreifen und so für die Begleitung politischer und militärischer Kampagnen nutzen konnte. Dadurch war es dem deutschen Rundfunk möglich, sich rechtzeitig auf die Bedingungen des Krieges einzustellen.

Die BBC hingegen – technisch durchaus auf einen Krieg vorbereitet – war auch aufgrund der Ablehnung des Konzepts der Propaganda in den ersten Monaten kaum in der Lage, sich ähnlich den Anforderungen des Krieges anzupassen, wie es der deutsche Rundfunk vormachte.[480] Auch wegen der militärischen Situation der Niederlagen der alliierten Truppen konnte die BBC der Lage lediglich reagierend und improvisierend Herr werden. So stand der akribisch geplanten propagandistischen Begleitung des Polenfeldzugs auf der einen Seite die notdürftige Einrichtung eines polnischen Programms erst Monate nach der Eroberung Polens auf der anderen Seite gegenüber[481]: „Bis zum August 1941 besaß das Vereinigte Königreich keine wirkungsvolle zentrale Behörde für die psychologische Kriegsführung, die sich auch nur entfernt mit dem Ministerium für Volksaufklärung und Propaganda hätte vergleichen lassen. Eine Vielzahl von verschiedenen Behörden und Ministerien verschwendete Zeit und Geld damit, sich durch Intrigen und Machtkämpfe gegenseitig lahmzulegen".[482]

Andererseits profitierte der britische Rundfunk von diesem Mangel an zentraler Führung. Bei allen Versuchen und Forderungen, die BBC der vollständigen Kontrolle der Regierung zu unterstellen, herrschte in der britischen Gesellschaft doch das Ideal der Unabdingbarkeit zumindest teilweise unabhängiger Medien in einer Demokratie vor. In allen Krisen, die die BBC durchlief, hatte sie Verbündete unter führenden britischen Politikern, die sich für ihre Unabhängigkeit engagierten. Während Goebbels den deutschen Rundfunk verstaatlichte, garantierte das *Ministry of Information* letztlich unter jedem der vier Minister den Schutz der BBC vor

---
[480] Vgl. WITTEK 1962, S. 18.
[481] Der improvisierte polnische Dienst der BBC wurde erst 1940 eingerichtet, dazu: BRIGGS 1970, S. 14f.
[482] PÜTTER 1986, S. 81.

zu starker politischer Einflussnahme durch Regierungs- oder Militärbehörden. Dies führte dazu, dass die Mitarbeiter des britischen Rundfunks wesentlich freier wirken konnten als ihre Widersacher in Deutschland: „Each group within the BBC might be influenced either by the policy of the British Government or by the policies of Allied Governments exiled in London. Yet each group had a measure of initiative and enterprise unknown to the broadcasters who worked under the orders of Goebbels in Berlin".[483] Und selbst wenn eine der Propagandainstitutionen erfolgreich seinen Einfluss auf die BBC ausübte, verlor sich dieser zumeist in den undurchdringlichen Strukturen der Führungsetage. Auf der Ebene der konkreten Programmproduktion blieben die Angestellten daher zumeist unbehelligt. Die Fachkräfte konnten sich auf ihr Kerngeschäft konzentrieren.

Im straff nach dem Führungsprinzip durchorganisierten deutschen Rundfunk konnte von höchster Stelle aus direkt in den Produktionsprozess eingegriffen werden. In den ersten Monaten stellte sich dies zweifellos als Stärke heraus, doch erstickte es die Eigeninitiative des Rundfunks und machte ihn vollständig von der politischen Führung abhängig. Letztlich unterschied sich die BBC von ihrem Rivalen „by substantial measure of freedom left to individual units and to individuals, by a real opportunity both for creative excitement and the exchange of ideas".[484] Während die dezentrale Struktur der BBC die Programme wirksam vor den Streitigkeiten innerhalb der politischen Führungsebene schützte, war der deutsche Rundfunk den ständigen Konkurrenzkämpfen unter den verschiedenen Ministern um den Einfluss auf die Propaganda ausgeliefert. So führten Goebbels Probleme mit dem Finanzminister zu knappen Kassen bei der RRG; die persönlichen Animositäten mit dem Außenminister beeinträchtigen die Auslandspropaganda und erzeugten den Aufbau unnötiger Doppelstrukturen, und die Ansprüche der Wehrmacht bedingten einen kaum zu verkraftenden Aderlass des Rundfunkpersonals.

Eine einheitliche Strategie des deutschen Rundfunks im Nationalsozialismus auszumachen, fällt schwer. Allein in der Vorkriegszeit änderte er dreimal seine Stoßrichtung. Obwohl sich die NS-Propaganda den Anstrich gab, vollständig von der Ideologie geleitet zu sein, zeigte sich spätestens während des Kriegs in der Praxis häufig eine Assimilation an die politische und militärische Situation sowie an die Interessen der Hörer. Dadurch wurde nicht nur das Aussetzen anti-sowjetischer Propaganda in der Zeit des Hitler-Stalin-Pakts möglich, sondern auch der immer stärkere Ausbau des Unterhaltungsprogramms.

---

[483] BRIGGS 1970, S. 10.
[484] Ebd., S. 20f.

Immerhin zeigt sich im Ansprechen der Emotionen der Hörer eine Kontinuität im deutschen Rundfunk. Doch weder die Ablenkung durch heiteres Unterhaltungsprogramm noch der Versuch, die niederen Instinkte der Hörer zu mobilisieren, um in der letzten Kriegsphase eine hysterische Abwehrreaktion gegen die vorrückenden Alliierten hervorzurufen, erwiesen sich als wirksam. Da der NS-Rundfunk am Ende keine Glaubwürdigkeit mehr in der deutschen Bevölkerung besaß, kann auch seine Wirksamkeit in dieser Phase bezweifelt werden.

Die für die britischen Gesellschaft belegte Glaubwürdigkeit[485], der wichtigste Aspekt der Strategie der BBC, fußte auf dem Ideal einer pluralistischen Gesellschaft mit einer Medienlandschaft, die die eigene Regierung kritisieren darf und dies auch tut. Trotzdem waren die Sendungen des deutschen Programms des britischen Rundfunks keineswegs objektiv. Natürlich vertrat die BBC britische Interessen, deutete Meldungen über den Kriegsverlauf möglichst positiv, relativierte eigene Niederlagen und betonte die Verluste der Wehrmacht. Insbesondere die Kommentare und Features waren tendenziös. Doch verzichtete man immerhin auf bewusste Lügen und Falschmeldung und propagierte die eigene Objektivität.

Dieser Anspruch begleitete die BBC durch den gesamten Krieg und führte dazu, dass militärische Niederlagen offen eingestanden wurden. Auf der Grundlage dieser Ehrlichkeit erhoffte die BBC, ihre Wirkung auf die deutsche Bevölkerung in Zeiten der Offensive entfalten zu können. Durch betonte Sachlichkeit und Nüchternheit, suchte sich der Deutsche Dienst gegenüber dem deutschen Rundfunk mit seiner suggestiven, stark auf das Gefühl zielenden Propaganda zu positionieren.[486] Dass er dadurch als alternative Informationsquelle eine große Hörerschaft gewinnen konnte, ist mehr als wahrscheinlich. Ihm jedoch wie Goebbels eine starke demoralisierende Wirkung zuzuschreiben, als er über die Berichte des ‚Seehaus-Dienstes' in sein Tagebuch notierte: „Umso verhängnisvoller ist die tägliche Lektüre der gegnerischen Tendenzberichte" und den Dienst als „Mammut-Greuelnachrichtenkonzern"[487] bezeichnete, wäre übertrieben. Auch der Deutsche Dienst konnte keine Gehirnwäsche betreiben und aus Nationalsozialisten Regimekritiker machen. „Durch die psychologische Kriegsführung mit Hilfe des Mediums Rundfunk ist der Zweite Weltkrieg vermutlich nicht um einen Tag kürzer geworden".[488]

---

[485] Am 7. April 1944 schrieb der *Tribune* „I heard it on the wireless" sei mittlerweile gleichbedeutend mit den Worten „I know it must be true". Am 21. April schrieb die gleiche Zeitung über dem Briten feindlich gesinnte Teile der Bevölkerung Indiens: „they listen to the BBC news because they believe it approximates the truth". Das gleiche gelte für Europa. Zitiert nach: Briggs 1970, S. 52
[486] vgl. WITTEK 1962, S 43.
[487] Eintrag vom 25. Januar 1942, nach: FRÖHLICH 1994, S. 195.
[488] Pütter 1986, S. 26.

Literaturverzeichnis

Literarische Quellen

- BBC Handbook 1941, zitiert nach: BRIGGS 1970.
- Heinz BOBERACH (Hrsg.): Meldungen aus dem Reich, 1938-1945. Die geheimen Lageberichte des Sicherheitsdienstes der SS. Hersching 1984.
  Band 4: 15. März 1940 - 1. Juli 1940.
  Band 8: 18. August 1941 - 15. Dezember 1941.
  Band 9: 18. Dezember 1941 - 26. März 1942.
  Band 12: 5. November 1942 - 25. Februar 1943.
- Elke FRÖHLICH (Hrsg.): Die Tagebücher von Joseph Goebbels. Sämtliche Fragmente.
  Teil I: Aufzeichnungen 1924-1941, Band 2: 1.1.1931-31.12.1936. München u.a. 1987.
  Teil II: Diktate 1941-1945, Band 3: Januar-März 1942. München u.a. 1994.
- Heinz GOEDECKE: Wir beginnen das Wunschkonzert für die Wehrmacht. Berlin, Leipzig 1941, nach: RIEDEL 1987.
- Eugen HADAMOVSKY: Der Rundfunk im Dienste der Volksführung, Leipzig 1934.
- Eugen HADAMOVSKY: Dein Rundfunk. Das Rundfunkbuch für alle Volksgenossen. München 1934.
- Ludwig HEYDE: Presse, Rundfunk und Film im Dienste der Volksführung. Dresden 1943.
- Adolf HITLER: Mein Kampf. 886-890. Ausgabe, München 1943.
- Ernst KRIS, Hans SPEIER: German Radio Propaganda. London 1944. Zitiert nach: HALE 1975.
- Mitteilungen der Reichs-Rundfunk-Gesellschaft, Berlin 1926-1938, zitiert nach: DILLER 1980.
- Charles J. ROLO: Radio goes to War. London 1943.

Hörquellen

- DEUTSCHES RUNDFUNKARCHIV (Hrsg.): „Hier ist England". Historische Aufnahmen des Deutschen Dienstes der BBC, (Stimmen des 20. Jahrhunderts), Audio-CD, Berlin, Frankfurt a.M. 1998.
- Homepage des DEUTSCHEN RUNDFUNKARCHIVS: Dokumentation „75 Jahre Radio in Deutschland", Kapitel NS-Zeit:
  http://www.dra.de/rundfunkgeschichte/75jahreradio/nszeit/index.html [04.01.07]
- Dominik REINLE: Hörfunk und Fernsehen in der Nazi-Zeit, Homepage des WDR:
  http://www.wdr.de/themen/kultur/rundfunk/oeffentl_rechtl_rundfunk/drittes_reich/index_t eil_1.jhtml [04.01.07]

Literatur

- Alfred ANDERSCH: Versuch über das Feature, in: Rundfunk und Fernsehen, 1. Jahrgang, Hamburg 1953, S. 94-97.
- Michael BALFOUR: Propaganda in War, 1939-1945. Organisations, Policies and Publics in Britain and Germany. London 1979.
- Kurt BASCHWITZ, Der Massenwahn, seine Wirkung und seine Beherrschung. München 1923.
- BBC Homepage: History of the BBC, 1940s:
  http://www.bbc.co.uk/heritage/story/index.shtml [04.01.07]

- Asa BRIGGS: The War of Words, (The History of Broadcasting in the United Kingdom, Bd. 3). London 1970.
- Carl BRINITZER: Hier spricht London. Von einem der dabei war. Hamburg 1969.
- Florian CEBULLA: Rundfunk und ländliche Gesellschaft 1924-1945, (Kritische Studien zur Geschichtswissenschaft, Bd. 164).Göttingen 2004.
- Charmian BRINSON, Richard DOVE (Hrsg.): 'Stimme der Wahrheit'. German-Language Broadcasting by the BBC, (Yearbook of the Research Centre for German and Austrian Exile Studies, Bd. 5). Amsterdam u.a. 2003.
- Thymian BUSSEMER: Propaganda. Konzepte und Theorien. Wiesbaden 2005
- Thymian BUSSEMER: Propaganda und Populärkultur. Konstruierte Erlebniswelten im Nationalsozialismus. Wiesbaden 2000.
- Sascha CARL: Krieg der Köpfe. Medien als Waffe im Kampf um Meinungen, Haltungen und Ideologien. Dissertation, München 2004, im Internet unter: http://137.193.200.177/ediss/carl-sascha/inhalt.pdf [3.1.2007].
- Michel de CERTEAU: Kunst des Handelns. Berlin 1988.
- Andrew CRISELL: An Introduction History of British Broadcasting. 2. Auflage, London 2002.
- Peter Dahl: Arbeitersender und Volksempfänger. Proletarische Radio-Bewegung und bürgerlicher Rundfunk bis 1945. Frankfurt a.M. 1978.
- Ute DANIEL: Die Politik der Propaganda. Zur Praxis gouvernementaler Selbstrepräsentation vom Kaiserreich bis zur Bundesrepublik, in: DANIEL, SIEMANN (Hrsg.): Propaganda. Meinungskampf, Verführung und politische Sinnstiftung 1789-1989. Frankfurt a.M. 1994, S. 44-82.
- Ute DANIEL, Wolfram SIEMANN (Hrsg.): Propaganda. Meinungskampf, Verführung und politische Sinnstiftung 1789-1989. Frankfurt a.M. 1994.
- Ansgar DILLER: Rundfunkpolitik im Deutschen Reich, (Rundfunk in Deutschland, Bd. 2). München 1980.
- Ansgar DILLER: Was Sie über Rundfunk wissen sollten. Materialien zum Verständnis eines Mediums, 1997, im Internet unter: http://www.mediaculture-online.de/fileadmin/bibliothek/diller_rundfunk45/gez_rundfunkgeschichte_bis45.pdf [3.1.2007].
- Christof DIPPER, Wolfgang SCHIEDER: Artikel „Propaganda", in: Geschichtliche Grundbegriffe, Bd. 5, S. 69-112.
- Nanny DRECHSLER: Die Funktion der Musik im deutschen Rundfunk. Pfaffenweiler 1988.
- Konrad DUSSEL: Deutsche Rundfunkgeschichte. 2. überarb. Aufl., Konstanz 2004.
- Geschichtliche Grundbegriffe. Historisches Lexikon zur politischen und sozialen Sprache in Deutschland. Hg. von Otto Brunner u.a., 8 Bde., Stuttgart 1972ff.
- Hugh C. GREENE: The Third Floor Front. London 1969, zitiert nach: HALE 1975.
- Wolfgang HAGEN: Das Radio. Zur Theorie und Geschichte des Hörfunks – Deutschland/USA. München 2005.
- Julian HALE: Radio Power. Propaganda and International Broadcasting. Philadelphia 1975.
- Walter KLINGLER: Nationalsozialistische Rundfunkpolitik 1942-1945. Organisation, Programm und die Hörer. Dissertation, Mannheim 1981, erschienen 1983.
- H. LUBBERS, W. SCHWIPPS: Morgen die ganze Welt. Deutscher Kurzwellensender im Dienste der NS-Propaganda. Geschichte des Kurzwellenrundfunks in Deutschland 1933-1939. Berlin 1970.
- Conrad F. LATOUR: Goebbels' „Außerordentliche Rundfunkmaßnahmen" 1939-1942. In: Vierteljahreshefte für Zeitgeschichte, 11. Jahrgang, Stuttgart 1963, S. 418-435.

- Gerhard MALETZKE: Propaganda. Eine begriffskritische Analyse. In: Publizistik – Vierteljahreshefte für Kommunikationsforschung, 17. Jahrgang, Heft 2, Konstanz 1972, S. 153-164.
- Inge MARßOLEK, Adelheit von SALDERN (Hrsg.): Radio im Nationalsozialismus. Zwischen Lenkung und Ablenkung, (Zuhören und Gehörtwerden, Bd. 1). Tübingen 1998.
- Daniel MÜHLENFELD: Joseph Goebbels und die Grundlagen der NS-Rundfunkpolitik. In: Zeitschrift für Geschichtswissenschaft, 54. Jahrgang, Heft 5, Berlin 2006, S. 442-467.
- Daniela MÜNKEL: Produktionssphäre, in: MARßOLEK, von SALDERN 1998, S. 45-128.
- Uwe NAUMANN: Zwischen Tränen und Gelächter. Satirische Faschismuskritik 1933-1945, Köln 1983.
- Siân NICHOLAS: The Echo of War. Home Front Propaganda and the Wartime BBC, 1939-1945. Manchester 1996.
- Monika PATER: Rundfunkangebote, in: MARßOLEK, von SALDERN 1998, S. 129-241.
- Günter PIPKE: Rundfunk und Politik. Kleine Geschichte des Rundfunks in Deutschland. Hannover 1961.
- Heinz POHLE: Der Rundfunk als Instrument der Politik. Zur Geschichte des Deutschen Rundfunks von 1923/1938, (Wissenschaftliche Schriftenreihe für Rundfunk und Fernsehen, Bd. 1). Hamburg 1955.
- Conrad PÜTTER: Rundfunk gegen das „Dritte Reich". Deutschsprachige Rundfunkaktivitäten im Exil 1933-1945. Ein Handbuch. München u.a. 1986.
- Heide RIEDEL: 60 Jahre Radio. Von der Rarität zum Massenmedium. Berlin 1987.
- Franz RONNEBERGER: Besprechung des Buches „Propaganda. Grundlagen, Prinzipien, Materialien, Quellen" von Carl Hundhausen. In: Publizistik – Vierteljahreshefte für Kommunikationsforschung, 22. Jahrgang, Heft 1, Konstanz 1977, S. 100, zitiert nach: BUSSEMER 2005.
- Klaus SCHEEL: Krieg über Ätherwellen. NS-Rundfunk und Monopole, 1933-1945. Berlin (Ost) 1970.
- Uta C. SCHMIDT: Radioaneignung, in: MARßOLEK, von SALDERN 1998, S. 243-360.
- Reimund SCHNABEL (Hrsg.): Mißbrauchte Mikrophone. Deutsche Rundfunkpropaganda im Zweiten Weltkrieg. Eine Dokumentation. Wien 1967.
- Werner SCHWIPPS: Wortschlacht im Äther. Der Deutsche Auslandsrundfunk im Zweiten Weltkrieg. Geschichte des Kurzwellenrundfunks in Deutschland 1939-1945. Berlin 1971.
- Hans-Werner STUIBER: Zum Rundfunkbegriff, Rundfunktechnik, Geschichte des Rundfunks, Rundfunkrecht, (Medien in Deutschland, Bd. 2. Rundfunk, 1. Teil). Konstanz 1998.
- Jennifer TAYLOR: The 'Endsieg' as Ever-Receding Goal. Literary Propaganda by Bruno Adler and Robert Lucas for the BBC Radio, in: WALLACE 1999. S. 43-58.
- Jennifer TAYLOR: Grete Fischer. 'Outside Writer' for the BBC, in : BRINSON, DOVE 2003, S. 43-56.
- Michael TRACEY: Sir Hugh Greene. Mit dem Rundfunk Geschichte gemacht. Eine Biographie. Berlin 1984.
- Ian WALLACE (Hrsg.): German Speaking Exiles in Great Britain, (Yearbook of the Research Centre for German and Austrian Exile Studies, Bd. 1). Amsterdam u.a. 1999.
- Bernhard WITTEK: Der britische Ätherkrieg gegen das Dritte Reich. Die deutschsprachigen Kriegssendungen der British Broadcasting Corporation, (Studien zur Publizistik, Bd. 3). Münster 1962.
- James WOOD: History of International Broadcasting. London ^{2}1994.